ADAC Reiseführer

Marokko

von Jean-Pierre Roger

Intro

Unterwegs

Der Südosten – im Land der tiefen Schluchten, grünen Oasen und mächtigen Kasbahs 75

Marrakesch und der Hohe Atlas – das Tor zum Süden 93

Der Südwesten – von der Atlantikküste in die Wüste 109

Marokko Kaleidoskop

Karten und Pläne

☐ Service

Marokko aktuell A bis Z 127

Sprachführer 136

Arabisch für die Reise

Register 141

Leserforum

Die Meinung unserer Leserinnen und Leser ist wichtig, daher freuen wir uns von Ihnen zu hören. Wenn Ihnen dieser Reiseführer gefällt, wenn Sie Hinweise zu den Inhalten haben – Ergänzungs- und Verbesserungsvorschläge, Tipps und Korrekturen – dann kontaktieren Sie uns bitte:

Redaktion ADAC Reiseführer
ADAC Verlag GmbH
Am Westpark 8, 81365 München
Tel. 089/76 76 41 59
verlag@adac.de
www.adac.de/reisefuehrer

Marokko Impressionen

Königreich zwischen Meer und Wüste

Marokko heißt auf Arabisch **Al-Mamlakah al-Maghrebia**, Maghrebinisches Königreich. Das Wort Maghreb bedeutet ursprünglich Westen, die Himmelsrichtung des Sonnenuntergangs. Hier, an der Küste des Atlantik, endete im 7. Jh. die arabische Eroberung. Die in europäischen Sprachen übliche Landesbezeichnung **Marokko** wurde erst im 16. Jh. vom Namen der einstigen Hauptstadt Marrakesch abgeleitet.

Von der Entstehung einer faszinierenden Landschaft

Zwischen **Mittelmeer**, **Atlantik** und dem endlosen Sand- und Steinmeer der **Sahara**, durch die in vergangenen Jahrhunderten die Kamele der Handelskarawanen als Wüstenschiffe kreuzten, erstreckt sich die stolze **Atlaskette** von Südwesten nach Nordosten wie ein riesiger Bindestrich zwischen Ozean und Mittelmeer. Der Sage nach soll der Titan **Atlas** nach einem anstrengenden Kampf hier mit dem Kopf am Atlantik und den Füßen am Mittelmeer eingeschlafen sein. Er fühlte sich auf marokkanischem Boden so wohl, dass er blieb und zu der großartigen Bergkette (von Süden nach Norden: *Antiatlas*, *Hoher Atlas*, *Mittlerer Atlas* und *Rif*) wurde, die seinen Namen trägt. Seitdem schützt er die fruchtbaren Ebenen und Täler Nord- und Westmarokkos gegen den Angriff der Wüste. Mit 4167 m ist der *Djebel Toubkal* südlich der Königsstadt **Marrakesch** die höchste Erhebung. Der Atlas bildet den großen Wasserspeicher Marokkos. Wasser ist ein kostbares Gut und die Bauern freuen sich im Winter über die schneebedeckten Gipfel: Hat es stark geschneit, wird im Frühling genügend Wasser für die Felder vorhanden sein. Der längste ganzjährig Wasser führende Fluss Marokkos heißt bedeutungsvoll *Oum er-Rbia*, ›Mutter des Frühlings‹. Die meisten Wasserläufe trocknen jedoch

Oben: *Der ›Blaue Mann‹ – einst gefürchteter Krieger der Wüste, heute Touristenattraktion im südlichen Marokko*
Rechts: *Natur und Architektur im Einklang – die Lehmburgen von Aït Arbi*
Rechts oben: *Einer Kaiserstadt würdig – das Bab el-Mansour in Meknes bildete den prächtigen Eingang zur Ville Imperiale*

für mehrere Monate im Jahr aus. Der *Oued Dra* im Süden des Landes ist 1939 zum letzten Mal bis zum Atlantik vorgedrungen. Dort, wo genügend Wasser fließt, werden die Böden optimal genutzt. Schon im Altertum beschrieben die Römer die landestypische **Drei-Etagen-Landwirtschaft**: Im Süden Marokkos werden unter den Dattelpalmen verschiedene Obstbäume angepflanzt und unter den Obstbäumen Getreide, Gemüse und Viehfutter angebaut.

Eine Reise durch das Land

Von der **Hauptstadt Rabat** über **Tanger** nach Osten ins **Rifgebirge**, den nördlichsten Gebirgsbogen des Atlas, führen die Straßen durch fruchtbare Ebenen, Korkeichenwälder, aber auch an Sandstränden und steilen Felsen vorbei. Nur

14 km trennen Marokko im Norden bei Tanger von der spanischen Küste. An den quellenreichen Hängen des Rif sind Dörfer und Städte von beträchtlicher Größe entstanden, darunter die großartigen **Königsstädte Fes** und **Meknes** an seinen südlichen Ausläufern. Auf den **Hochebenen** des Mittleren und des Hohen Atlas entwickelte sich nur spärlicher Bewuchs. Doch haben die Techniken der modernen Landwirtschaft die Fruchtbarkeit der Böden unter Beweis gestellt. Kleine *Nomadenstämme* leben von Ziegen- und Schafzucht. Die von den Frauen gewebten Teppiche werden auf den Märkten verkauft. Südlich des Hohen Atlas wird der Einfluss der **Sahara** spürbar. Bei *Erfoud* und *Zagora* sowie südlich von *Tiznit* beginnt die Wüste, die einst als Bin-

Oben: *Bunte Kacheln, Koraninschriften, Arabesken – faszinierende Wanddekoration marokkanischer Moscheen und Medersen*
Mitte: *Religiöse Pflichten – vor dem Gebet steht die rituelle Waschung*
Links: *Gefärbte Tücher werden im Souk zum Trocknen aufgehängt*
Rechts oben: *Durch Erker und geometrische Ornamente aufgelockert – die eindrucksvolle Kasbah von Taourirt*
Rechts unten: *Einsam ziehen Kamele durch die Wüste – die Zeit der großen Transsahara-Karawanen ist vorbei*

deglied zwischen dem Mittelmeerraum und Schwarzafrika von bedeutenden **Handelsstraßen** durchzogen war. An ihrem Rand locken *Palmenoasen* mit üppiger Vegetation zu Wanderungen.

Bis weit in die Berge und die abgelegenen Schluchten der Flüsse **Dades** und **Todgha** klettern die Dörfer und festungsartigen **Kasbahs** der Berber. Marokko ist als Filmkulisse beliebt: Hier wurden Streifen fast aller Genres gedreht, von ›*Lawrence von Arabien*‹ über ›*Kundun*‹ bis hin zu ›*Gladiator*‹. Das Ziz-Tal hat schon häufiger die Rolle des Nil-Tals in Historienfilmen über Ägypten übernommen und felsige Landschaften in der Region von Ouarzazate dienten als Szenerie manch eines Westerns. Sandstrände am **Atlantik** und am **Mittelmeer** machen aus Marokko ein beliebtes Ziel für einen *Badeurlaub*, sogar das in der Westsahara gelegene Laâyoune soll zum Badeort ausgebaut werden.

Der König und sein Volk

Unter **Hassan II.** (reg. 1961–99) wurde Marokko offiziell zu einer *konstitutionellen Monarchie*, doch bleibt der König das *un-*

eingeschränkte Oberhaupt des Landes. Nach dem plötzlichen Tod von Hassan II. am 23. Juli 1999 bestieg dessen ältester Sohn den Thron als **Mohammed VI**. Das Volk erhoffte sich nun den Beginn einer neuen Ära und eine zunehmende Demokratisierung des Landes. Der junge Herrscher gibt sich volksnah und wurde bei einer Reise in den ersten Monaten seiner Amtszeit in allen Provinzen als *König der Armen* herzlich bejubelt. Im Oktober 2003 hielt Mohammed VI. eine wichtige Rede zu Rolle und Rechten der Frauen in der Gesellschaft. Danach wurde die rechtliche Situation der Frauen in Ehe-, Scheidungs- und Familienfragen liberalisiert.

Islam und Berbertum

Moscheen und *Koranschulen* in den städtischen Zentren sowie *Kasbahs* und *Ksour* an den Hängen des Hohen Atlas versprechen dem Reisenden viel Ab-

wechslung. Historisch ist Marokko von einer **arabo-berberischen Mischkultur** geprägt. In den großen Zentren, besonders den vier Königsstädten Fes, Meknes, Rabat und Marrakesch, entfaltete sich die *maurisch-andalusische Kultur*, die man noch heute in alten Moscheen, Koranschulen und Palästen bewundern kann. In den engen Gassen der **Medinas**, im akustischen Durcheinander von arabischer Musik, Koranrezitationen und dem Hämmern und Sägen in den Werkstätten, ist noch ein Stück Mittelalter lebendig. Arabisch ist die offizielle Landessprache, Französisch kam in der Kolonialzeit hinzu, außerdem haben sich verschiedene Bersprachen erhalten. Zwischen 40 und 60 % der Bevölkerung sprechen einen Berberdialekt als Muttersprache. Die Hei-

mat der Berber ist das marokkanische Gebirge vom Rif bis zum Antiatlas. Im Süden des Landes, entlang der sog. **Straße der Kasbahs**, errichteten Berber jahrhundertelang Städte und Dörfer aus Lehm. Heute wird meist mit moderneren Materialien gebaut. Doch es sind die *alten Lehmbauten*, die an den Berghängen kleben und mit der Natur zu verschmelzen scheinen, die die Reisenden faszinieren.

Die Religion

Im Alltag, vor allem was den Umgang mit anderen Menschen angeht, spielt die Religion eine wichtige Rolle in Marokko. Der **Islam** setzte sich Ende des 7./Anfang des 8. Jh. nach und nach in Nordafrika durch und bestimmt seither weitgehend den *Lebensrhythmus* der Menschen. Auch wenn nicht alle Gläubigen die strengen Gebote stets hundertprozentig einhalten

– bei den großen **islamischen Festen** vereint sich die Glaubensgemeinschaft: Im *Ramadan* fasten und beten alle Muslime und im Monat der *Pilgerfahrt* fühlen sie sich ohne Ausnahme mit den weiß gekleideten Pilgern solidarisch. Häuser, Autos, ganze Straßenzüge werden in dieser Zeit mit marokkanischen Fahnen geschmückt. Das Opferfest **Aid el-Kebir** erinnert an den Tag, an dem Gott Abraham erlaubte, ihm statt seines Sohnes Ismael (laut Koran: Ismael, laut Bibel: Isaak) einen Widder zu opfern. Ganze Dorf- und Stadtgemeinschaften ziehen singend durch die Straßen und über die Felder und versammeln sich unter freiem Himmel zum gemeinsamen Gebet. An diesem und an den folgenden Tagen soll niemand Hunger leiden, *Meschui*, Hammelbraten, wird großzügig verteilt.

Links oben: *Welche Sorte darf es denn sein? Eine große Auswahl an Trockenfrüchten und Nüssen wird im Souk angeboten*
Links Mitte: *Musik und Tanz stehen im Mittelpunkt des alljährlich im Frühjahr veranstalteten Rosenfestes von El-Kelaa-Mgouna*
Links unten: *Nirgendwo in Marokko braucht man auf Komfort zu verzichten*
Oben: *Einer nicht ganz ungefährlichen Beschäftigung gehen die Schlangenbeschwörer auf dem Djemaa el-Fna nach*
Unten: *Passender Rahmen für ein stilvolles marokkanisches Essen – Palais Jamaï, Fes*

Der Reiseführer

Dieser Band stellt Marokko in **sechs Kapiteln** vor. Beginnend im Norden des Landes führen sie den Leser von der Hauptstadt **Rabat** entlang der Atlantik- und der Mittelmeerküste ins Rifgebirge und in die alten **Königsstädte** Meknes und Fes. Die Beschreibung des südlichen Marokko führt ebenfalls am Atlantik entlang sowie über den Hohen Atlas nach Marrakesch, zur ›Straße der Kasbahs‹ und in die Wüstenoasen. **Übersichtskarten** und **Stadtpläne** erleichtern die Orientierung. Auf besondere Höhepunkte bei Hotels und Restaurants, Landschaften und Museen verweisen die **Top Tipps**. Den Besichtigungspunkten sind **Praktische Hinweise** mit Tourismusbüros sowie einer Auswahl an Hotels und Restaurants angefügt. **Marokko aktuell A bis Z** listet allgemeine Informationen, Adressen und nützliche Kurzinfos über Anreise, Unterkunft, Verkehrsmittel etc. auf. Im Rahmen des **Marokko Kaleidoskops** runden Kurzessays zu Land und Leuten den Reiseführer ab. Hinzu kommt ein umfassender **arabischer Sprachführer**.

Geschichte, Kunst, Kultur im Überblick

Von Berberfürsten und Badegästen, Freiheitskämpfern und Filmhelden

um 5000 v. Chr. Archäologische Funde und Felsbilder (Jagd- und Kampfszenen, Wagen und Pflüge) zeugen sowohl von kunstfertigen Menschen als auch von einer vielfältigen Fauna (Antilopen, Elefanten, Wildkatzen).

ab 1000 v. Chr. Phönizische Seefahrer gründen Handelsniederlassungen an der marokkanischen Mittelmeer- und Atlantikküste.

7.–2. Jh. v. Chr. Überreste punischer Siedlungen wie in Lixus zeugen von der Expansion Karthagos. Die punischen Kriege zwischen 264 v. Chr. und 146 v. Chr. schwächen die Macht der Phönizier von Karthago, numidische (nordafrikanische) Fürsten weiten ihren Einfluss aus.

25 v. Chr.–24 n. Chr. Kaiser Augustus setzt Juba II. als römischen Statthalter von Mauretania ein.

24–40 n. Chr. Jubas Sohn Ptolemaios besteigt den Thron. Kaiser Caligula lässt den letzten mauretanischen Herrscher 40 n. Chr. ermorden.

40 n. Chr. Das mauretanische Reich wird in zwei römische Provinzen unterteilt: Mauretania Caesarea im Osten und Mauretania Tingitana im Westen.

3. Jh. Beginn der Christianisierung im Gebiet des heutigen Marokko.

7./8. Jh. Arabisch-islamische Eroberung. Oqba ibn Nafi dringt 681 bis an die Atlantikküste vor. Ein groß angelegter Feldzug beginnt 710 unter der Leitung von Musa ibn Nusair. Tariq ibn Zeyad, nach dem der Felsen von Gibraltar benannt wurde (Djebel Tariq), marschiert mit einer Truppe arabischer und berberischer Soldaten in Spanien ein.

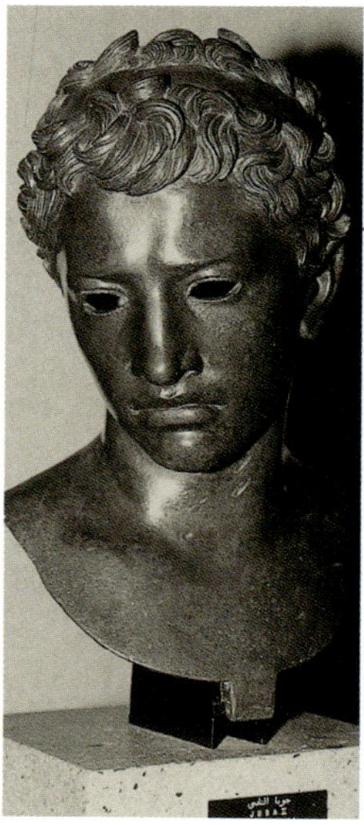

Büste Jubas II., Statthalter Roms im fernen Mauretanien, Musée Archéologique, Rabat

788 Nach dynastischen Kämpfen in Arabien findet Idriss Ben Abdallah, ein direkter Nachkomme des Propheten Mohammed, Zuflucht in Marokko. Die islamisierten Berber von Volubilis rufen ihn zum Führer aus.

791–829 Der Begründer der Idrissiden-Dynastie wird nach erfolgreichen Feldzügen und der Gründung von Fes auf Befehl des Kalifen Harun er-Rachid vergiftet. Sein Sohn Idriss II. (803–829) baut Fes zu einer wichtigen Metropole aus. Krisen führen nach seinem Tod zum Zerfall der Dynastie.

920–1050 Die Fatimiden nehmen Fes ein. Die Entschlossenheit der kriegerischen Sippen zwischen Rif und Atlas verhindert jedoch, dass die tunesischen Machthaber den westlichen Maghreb erobern. Auch den Omaijaden aus Cordoba gelingt es nicht, sich im Land durchzusetzen.

1050–1100 Die Almoraviden erkämpfen sich die Macht. Um 1060 errichtet Abou Bekr an der Stelle der zukünftigen Hauptstadt Marrakesch ein Zeltlager als Basis für die Unterwerfung der Region.

1069–74 Der Almoravidenherrscher Youssouf Ben Tachfin erobert Fes und den Nordosten des Landes bis Algier. 1074 wird er nach der Eroberung Toledos durch Alfons VI. von Kastilien von den islamischen Kalifen Spaniens zu Hilfe gerufen.

1086 Youssouf schlägt die christlichen Truppen in der Schlacht von Zallaqa bei Badajoz. Er kehrt nach Marrakesch mit dem Titel des ›Emir el-Muslimin wa Nasir ed-Dîn‹ (Prinz der Muslime und Verteidiger der Religion) zurück. Eines der wenigen erhaltenen Bauwerke der Almoravidenzeit ist die schöne Koubba el-Baroudiyine in Marrakesch.

1100–1200 Die Almohaden unter Abd el-Moumen (1130–1163) verdrängen die Almoraviden in den östlichen Maghreb. 1146 fallen Fes, Meknes und Sala (Rabat), 1147 folgt Marrakesch. Bei einer Expedition gegen die christlichen Normannen werden die Hafenstädte Nordafrikas einschließlich Tripolis von den Almohaden unterworfen.

1150–60 Die Almohaden beherrschen das gesamte Ausbreitungsgebiet des westlichen Islam. Die Koutoubia-Moschee wird in Marrakesch errichtet.

1180 Abou Yakoub Youssouf (1163–1184) unterdrückt eine Revolte in Gafsa (Tunesien), ein Teil der Bevölkerung wird nach Marokko und Spanien umgesiedelt.

1184–99 Abou Youssouf Yakoub nimmt nach erfolgreichen Kämpfen gegen die spanische Reconquista 1190 den Titel ›El-Mansour‹, ›Der Siegreiche‹, an. Yakoub el-Mansour prägt seine Epoche besonders durch eine rege Bautätigkeit und die Förderung der Künste an seinem prächtigen Hof von Marrakesch.

13. Jh. Tunesien macht sich selbstständig, das Reich wird geteilt. Die Meriniden breiten sich gen Osten und Süden aus. Unter der Führung von Abou Yahya (1244–58) und Abou Youssouf Yakoub (1258–86) erobern sie innerhalb eines Vierteljahrhunderts ganz Marokko. Fes wird erneut Residenz.

Ende des 13. Jh. Der Maghreb ist in drei Reiche geteilt: Der Westen gehört den Meriniden, der mittlere Teil den Abdalouadiden von Tlemcen und der Osten (Tunesien und Ostalgerien) den Hafsiden. Die Meriniden versuchen, ihr religiöses Ansehen durch den Dschihad, den Heiligen Krieg, in Spanien zu stärken. Sie gewinnen Prestige, weil sie 1281 dem christlichen König Alfons X. von Kastilien gegen seinen aufständischen Sohn Don Sancho zu Hilfe kommen.

1331–51 Abou el-Hassan unterwirft den Maghreb, 1337 wird Tlemcen besetzt, 1347 Tunis erobert. Prächtige Monumente in zahlreichen Städten zeugen bis auf den heutigen Tag vom Glanz der Meriniden-Kultur.

1358 Abou Inan, Sohn von Abou el-Hassan und letzter großer merinidischer Sultan, wird ermordet. Zahlreiche Fürstentümer mit eigenen Machtansprüchen entstehen. Den Hafsiden von Tunesien gelingt Anfang des 15. Jh. die Rückeroberung von Algier und Tlemcen.

1415 Die Portugiesen nehmen Ceuta ein. 1420 wird der merinidische Sultan Abou Saïd samt seiner Familie in Fes von einem Palastdiener umgebracht und der einjährige Abd el-Haqq als einziger Überlebender zum Sultan erklärt. Mitglieder der Familie der Banu Ouattas fungieren während seiner Kindheit als Regenten. Als Erwachsener lässt er sie beseitigen.

Anfang des 16. Jh. Die Dynastie der Ouattasiden kann die Expansion der Portugiesen nicht verhindern.

1511 Die Saadier aus dem Dra-Tal greifen Agadir an, nehmen 1525 Marrakesch und 1554 Fes ein. Da sie als Schorfas – Abkömmlinge des Propheten – äußerst angesehen sind, können sie den marokkanischen Thron für sich gewinnen.

1578 Der portugiesische König Don Sebastian und die verfeindeten Brüder El-Moutaouakkil und Abd el-Malik sterben in der ›Schlacht der drei Könige‹.

1578–1603 Ahmed el-Mansour, der nach dem Feldzug durch das ›Land der Schwarzen‹ und der ergiebigen Plünderung von Timbuktu ›Ed-Dehbi‹, ›Der Vergoldete‹, genannt wird, errichtet in Marrakesch glanzvolle Bauten. Die königliche Nekropole stellt ein Juwel der maghrebinischen Architektur dar.

17. Jh. Die in der 2. Hälfte des 16. Jh. erstarkte Familie der Alaouiten bemächtigt sich unter Moulay Scherif, Moulay M'hammed und Moulay Rachid zu Beginn des 17. Jh. des gesamten Landes.

1672–1727 Moulay Ismail ›befriedet‹ das Land mit seiner Armee von schwarzen Sklaven. Seine Residenz errichtet er in Meknes, wo zahlreiche Bauwerke bis

Zeltlager vor den Toren von Marrakesch, Anfang des 20. Jh.

heute von Ismails schöpferischer Tätigkeit zeugen. Nach seinem Tod herrscht zunächst Chaos im Lande, die Ordnung wird durch seine Nachfolger Moulay Abdallah und Sidi Mohammed Ben Abdallah mühsam wieder hergestellt.

1765 Der Hafen von Essaouira wird als wichtiger Umschlagplatz für Waren aus Timbuktu gegründet. Nach Dürrezeiten und Pestepidemien am Ende des 18. Jh. entfaltet sich der Feudalismus.

1822–59 In der Zeit des Abderrahman Ben Hicham provoziert das Eindringen Frankreichs über Algerien in den Osten Marokkos die Wiederbelebung des Heiligen Krieges. Die marokkanischen Truppen, die den algerischen Widerstandskämpfer Abd el-Kader unterstützen sollten, werden bei Oujda vernichtend geschlagen. Konflikte zwischen Marokko und Spanien enden mit einer marokkanischen Niederlage.

1859–73 Mohammed IV. verpflichtet sich zur Zahlung einer Entschädigung an Spanien, wobei Tetouan 1860 als Pfand genommen wird. Die spanischen Hoheitsgebiete von Ceuta und Melilla werden erweitert und Casablanca wird zum zweiten Zentrum der Europäer ausgebaut.

1873–94 Sein Nachfolger Hassan I. reorganisiert Verwaltung und Armee, die Entwicklung der Wirtschaft wird vorangetrieben.

1894–1908 Unter Abd el-Aziz wird die marokkanische Unabhängigkeit durch den ›Akt von Algeciras‹, der den fremden Mächten große Freiheiten in Wirtschaft und Handel zugesteht, ernsthaft beschnitten.

1906 Die Ermordung von Franzosen in Marrakesch und Casablanca liefert den Vorwand für das Eingreifen französischer Truppen und die anschließende Teilbesetzung Marokkos (Oujda, Casablanca).

1908–11 Abd el-Hafid lässt seinen Bruder Abd el-Aziz absetzen und sich zum Sultan ausrufen. Unter dem Druck der ausländischen Banken, bei denen sich hohe Schulden angesammelt haben, muss er den Vertrag von Algeciras anerkennen.

1911 Die daraufhin ausbrechenden Unruhen bieten den französischen Truppen die Gelegenheit, in Fes einzudringen.

1912 Konvention von Fes. Abd el-Hafid unterzeichnet am 30. März den Protektoratsvertrag mit Frankreich. Er verzichtet auf den Thron zugunsten seines Halbbruders Youssouf (reg. 1912–27). Der Sultan bleibt der Anführer der religiösen Gemeinschaft, die politische Führung übernehmen die Franzosen mit dem residierenden General Hubert Lyautey. Tanger wird zur internationalen Zone erklärt.

1912 In Tiznit wird El-Hiba zum Gegensultan ausgerufen. Während des mehr als zwei Jahrzehnte andauernden Kolonialkriegs werden auch Straßennetze, Eisenbahn, Häfen und Stauwerke gebaut. Die geologische Forschung wird vorangetrieben und die Landwirtschaft entwickelt. Durch die Aneignung von Grundstücken wird der Prozess der Kolonisierung beschleunigt.

1930 Während der neue Sultan Mohammed V. (reg. 1927–61) unter dem Druck der französischen Militärmacht einen Erlass unterzeichnet, wonach die Berber der französischen Gerichtsbarkeit unterstellt werden, formiert sich eine islamistisch geprägte nationalistische Bewegung.

1947 Mohammed V. stimmt dem Manifest der Befreiungspartei Istiqlal zu.

1951/52 Ab 1951 steht die ›marokkanische Frage‹ auf der Tagesordnung der Generalversammlung der UNO. In einer Rede im November 1952 fordert Mohammed V. die sofortige politische Befreiung Marokkos.

1953 Im August wird in Marrakesch bei einer Versammlung der Caids unter der Leitung des gegen den Thron intrigierenden Glaoui, Pascha von Marrakesch, der Sultan für abgesetzt erklärt. Seine Söhne und er

◁ *Beim ›Grünen Marsch‹ 1975 überschreiten 350 000 Marokkaner mit dem Koran in der Hand die Grenze zur Westsahara*

Am 21. März 2002 heiraten in Rabat König Mohammed VI. (38) und Salma Bennani (24) ▷

werden ins Exil nach Madagaskar geschickt.

1953–55 Die Bevölkerung erkennt den Herrschaftsanspruch von Ersatzsultan Mohammed Ben Arafa nicht als rechtmäßig an. Demonstrationen und Anschläge erschüttern das Land. Die offizielle Repression wird durch den Terror der Bewegung ›Présence Française‹ verstärkt, doch seine Schwierigkeiten in anderen Kolonien zwingen Frankreich zu einer politischen Lösung in Marokko. Mohammed Ben Arafa muss abdanken.

1955 Im November kehrt Mohammed V. aus dem Exil zurück und wird von der Bevölkerung in Rabat bejubelt.

1956 Das französische Protektorat endet offiziell am 2. März. Wenig später, am 7. März, wird auch das Ende des spanischen Protektorats protokolliert, der internationale Status von Tanger endet am 29. Oktober.

1957–62 Mohammed V. nimmt den in Marokko neuen Titel eines Königs an. Nach seinem Tod besteigt Hassan II. als Nachfolger seines Vaters am 3. März 1961 den Thron. Die von ihm vollendete Verfassung tritt 1962 in Kraft.

1963 Erste Parlamentswahlen. Oppositionelle werden verhaftet. Ein Grenzkrieg mit Algerien lenkt von der Innenpolitik ab.

1969 Die erste Islamische Konferenz wird in Rabat einberufen.

1971/72 Hassan II. überlebt zwei Putschversuche.

1975 Am 6. November überschreiten beim sog. ›Grünen Marsch‹ 350 000 Marokkaner die Grenze zur Westsahara, die ab diesem Zeitpunkt (nach marokkanischer Lesart) als Provinz des Königreichs gilt. Marokko vertreibt die ursprünglich dort lebenden sauhranischen Nomaden und bombardiert auch deren Flüchtlingslager in Algerien. Völkerrechtlich ist der Status der Westsahara nach wie vor ungeklärt, ein Referendum unter Aufsicht der Vereinten Nationen steht bis heute aus.

1989 Gründung der UMA, Union des Arabischen Maghreb. Marokko, Mauretanien, Tunesien, Algerien und Libyen planen eine enge wirtschaftliche und kulturelle Zusammenarbeit.

1993 In Casablanca wird mit der Moschee Hassan II. die bis dato zweitgrößte Moschee der islamischen Welt eröffnet.

1997 Wahl einer vom Oppositionsbündnis Koutla dominierten Regierung.

1999 Am 23. Juli stirbt Hassan II. Sein ältester Sohn übernimmt als Mohammed VI. den Thron und wird im ganzen Land bejubelt.

2002 Am 21. März heiratet König Mohammed VI. die Informatik-Ingenieurin Salma Bennani.

2003 Der Thronfolger Moulay Hassan wird geboren. – Fünf Selbstmordanschläge islamistischer Terroristen in Casablanca erschüttern das Land.

2004 Die UNESCO ernennt die ehemals portugiesische Stadt El-Jadida zum Weltkulturerbe.

2006 Tausende Afrikaner versuchen über Marokko und die spanischen Enklaven Ceuta und Melilla nach Europa zu fliehen.

2007 Der offizielle Besuch des spanischen Königspaares in Ceuta und Melilla führt zu Protesten in Marokko.

2010 Geplantes Inkrafttreten einer Freihandelszone mit der EU.

Seit 2004 ist die ehem. portugiesische Stadt El-Jadida Weltkulturerbe der UNESCO

Der Besuch des Djemaa el-Fna in Marrakesch zählt zu den Höhepunkten einer Marokko-Reise

Unterwegs

Der Nordwesten – zwischen Atlantik und Mittelmeer

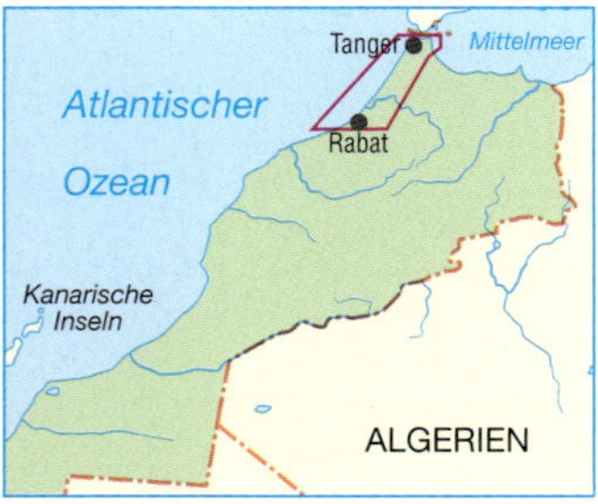

Die Fahrt von der **Hauptstadt Rabat** über Tanger nach Ceuta führt durch das grüne Marokko. Zwischen dem *Atlantik* und der Straße von Gibraltar, dem Eingang zum *Mittelmeer*, breitet sich die landwirtschaftlich intensiv genutzte **Gharb-Ebene** aus. Hier werden neben Getreide und Gemüse auch Zitrusfrüchte, Feigen, Oliven sowie Wein angebaut. Im äußersten Norden von Marokko ist Europa nicht fern, von Afrika nur durch die *Straße von Gibraltar* getrennt. **Tanger**, das Tor zum Maghreb, war während der Protektoratszeit Freihandelszone und zog Schmuggler und Drogenhändler an wie kein zweiter marokkanischer Ort. Noch immer hat die Hafenmetropole einen zweifelhaften Ruf. Obwohl die Kriminalitätsrate tatsächlich höher ist als anderswo im Land, sollte man sich den Besuch wegen der sehenswerten Medina nicht entgehen lassen. Ein paar Kilometer weiter liegt die spanische **Enklave Ceuta**, ein Stück Kolonialgeschichte. Die Hafenstadt hat bis heute ihr spanisches Gesicht bewahrt.

1 Rabat und Salé *Plan Seite 20*

Die Landeshauptstadt Rabat ist Brücke zwischen Orient und Okzident, zwischen Tradition und Moderne.

An der Mündung des Oued Bou Regreg in den Atlantik liegen die beiden Städte Rabat und Salé (zusammen 1,6 Mio. Einw.). Auf der südwestlichen Seite des Flusses breitet sich die Hauptstadt aus, die sich heute überwiegend als moderne Metropole präsentiert. Ein wenig in ihrem Schatten steht die Schwesterstadt Salé auf der anderen Seite des Flusses. Diese war jahrhundertelang ein bedeutendes Handelszentrum, doch schließlich gingen der politische Aufstieg von Rabat und der wirtschaftliche Niedergang von Salé Hand in Hand.

Geschichte Das Mündungsgebiet des Oued Bou Regreg ist seit vorgeschichtlicher Zeit besiedelt. Reste eines punischen Hafens im Bereich der Chellah zeugen von Handelsbeziehungen zu Karthago seit dem 3. Jh. v. Chr. In römischer Zeit entstand auf den Ruinen der punischen Siedlung die Stadt Sala.

Im 10. Jh. errichteten islamisierte Berber an der Stelle der heutigen Kasbah einen ersten Ribat (Klosterburg), ein Jahrhundert später wurde am anderen Ufer des Bou Regreg Salé gegründet. Nach

Zwischen Atlantikküste und Bou Regreg erhebt sich die Oudaïa-Kasbah von Rabat ▷

der almohadischen Eroberung von Fes 1146 annektierte *Abd el-Moumen* die Küstenregion. Er ließ Salé zerstören und Rabat ausbauen. Es entstand die stark befestigte **Oudaïa-Kasbah**, die heute zu den bedeutendsten Monumenten der Stadt zählt. Nachfolger *Yakoub el-Mansour* (1184–99) hatte den ehrgeizigen Plan, Rabat (damals Ribat el-Fath – Siegeskloster) zur glanzvollen **Hauptstadt** seines Reichs auszubauen. Im Zentrum sollte die große Hassan-Moschee stehen. Das Vorhaben wurde jedoch nach Yakoubs Tod und der erneuten Verlegung der almohadischen Residenz nach Marrakesch aufgegeben. Heute sind als Zeugen dieser Zeit noch Teile der Stadtmauer sowie der **Hassan-Turm** erhalten.

Arabische Flüchtlinge aus Spanien, die Anfang des 17. Jh. am Bou Regreg siedelten, verhalfen den beiden während der Merinidenzeit vernachlässigten Städten zu neuer Blüte. 1627 schlossen sich Rabat und Salé zur unabhängigen **Republik Bou-Regreg** zusammen. Durch Freibeuterei und Sklavenhandel erlangte die Region beträchtlichen Wohlstand. In dieser Zeit wurde die Medina von Rabat angelegt, die im Süden mit der nach ihren Erbauern benannten Mauer der Andalusier abschließt. Obwohl die ›Piratenrepublik‹ bereits 1666 von den *Alaouiten* erobert wurde, gingen die Überfälle der gefürchteten Korsaren von Salé weiter. Ein Erdbeben 1755 sowie ein französischer Vergeltungsschlag für Piratenüberfälle 1765 richteten große Zerstörungen an. Mit dem schleichenden Ende der Piraterie in der Region begann auch der Niedergang der beiden Städte.

Im 20. Jh. erlebten sie unterschiedliche Entwicklungen. Während Salé fast in Bedeutungslosigkeit fiel, wurde Rabat 1912 vom französischen General Lyautey zur **Verwaltungshauptstadt** Marokkos erklärt. Sultan Moulay Abd el-Hafid verlegte daraufhin seinen Hof von Fes nach Rabat. Während *König Hassan II.* überwiegend in der Hauptstadt residierte, zieht sein Sohn Mohammed VI. seit seiner Thronbesteigung 1999 von Palast zu Palast durchs ganze Land.

Rabat

Wer das Zentrum von Rabat nicht auf eigene Faust erkunden möchte, findet am Königspalast vor der Moschee El-Fahs Fremdenführer, die Touristen begleiten und in Geschichte und Geheimnisse der Hauptstadt einweihen.

Palais Royal 1

In unmittelbarer Nachbarschaft zur Moschee El-Fahs erhebt sich der Königspalast, der allerdings nicht besichtigt werden darf. Der Kern des riesigen Komple-

xes stammt noch aus dem 18. Jh., die sichtbaren äußeren Gebäudeteile dagegen sind erst im 20. Jh. errichtet worden. Die reiche *maurische Dekoration* von Portalen und Torbögen bedient sich der Stilelemente marokkanischer Baugeschichte, die über Jahrhunderte weitgehend unverändert geblieben sind. Die gesamte Palastanlage ist mit grünen Ziegeln gedeckt, Zeichen dafür, dass die Herrschaft der Alaouiten-Dynastie auf dem Islam gründet, denn Grün ist die Farbe des Propheten. Links vom Haupteingang liegt die – Touristen jedoch verschlossene – **Familiennekropole** der Alaouiten. Täglich ab 9 Uhr findet alle zwei Stunden vor dem Königspalast die Wachablösung statt. Immer wieder sieht man im Um-

Der maurischen Kunst nachempfunden – vielbogiger Eingangsbereich des Königspalastes in Rabat, der zwischen dem 18. und dem 20. Jh. entstand

kreis der Anlage auch Palastdiener – zu erkennen an ihren weißen Kapuzengewändern (*Djellabas*), den gelben Lederschuhen (*Babouschen*) und den roten spitzen Kappen (*Tarbouschen*).

Ville Nouvelle

Eine der wichtigen Verkehrsachsen der Neustadt, an der Hauptpostamt, Bahnhof und zahlreiche moderne Geschäfte angesiedelt sind, ist die Avenue Mohammed V., die den Place Jamaa Assouna kreuzt. Hier befindet sich die **Mosquée Es-Sunna** 2. Sie besitzt ein für marokkanische Moscheen typisches quadratisches Minarett, dessen Form stark an jenes der Koutoubia von Marrakesch erinnert [s. S. 96].

TOP TIPP Von hier sind es nur wenige Schritte zum **Musée Archéologique** 3 (2 Rue de Brihi, Tel. 037701919, Mi–Mo 8–16 Uhr), der bedeutendsten archäologischen Sammlung des Landes. Im Eingangsbereich finden regelmäßig *Wechselausstellungen* zu aktuellen archäologischen Themen statt. Im ersten Saal wird der Besucher von einem marmornen Standbild des **Ptolemaios**, Sohn Jubas II. und der Kleopatra Selene, begrüßt. Der Herrscher Mauretaniens (24–40 n. Chr.) war ein Nachkomme der ägyptischen Dynastie der Ptolemäer. Die Vitrinen in diesem Raum präsentieren Funde aus der Alt- und Jungsteinzeit. *Prähistorische Felsenzeichnungen* in den Höfen des Museums zeigen u. a. Darstellungen von Gazellen, Rindern und Antilopen sowie

Das Musée Archéologique erfreut durch eine schöne Antikenabteilung, hier mit der Statue des Ptolemaios, Sohn Jubas II.

Melonenmeer auf einem Straßenmarkt am Rande von Rabats Altstadt

geometrische Figuren. Felsblöcke mit libyschen **Inschriften** belegen das hohe Alter der nordafrikanischen Kultur. Die **libysche Schrift**, die senkrecht von oben nach unten geschrieben wurde, ist vor ca. 3000 Jahren in Nordafrika entstanden. Ihr Alphabet besaß 24 Buchstaben und ist Grundlage des *Tifinagh*, der aktuellen Schrift der Tuaregs.

Exponate aus punischer, römischer, christlicher und islamischer Epoche sind im Treppenhaus und im ersten Stock des Hauptgebäudes ausgestellt. Im neuen Gebäude, das man über den Hauptsaal und den Garten erreicht, befindet sich der Saal der **Bronzen aus Volubilis** (1. Jh. v. Chr./1. Jh. n. Chr.), der bedeutendsten römischen Ausgrabungsstätte Marokkos [s. S. 53]. Besonders sehenswert sind die Büste Jubas II. und weitere Skulpturen: ein gekrönter Ephebe, ein Hund (Teil eines Hausbrunnens), ein alter Fischer oder Schmied mit eingebrannter Sklavenmarke auf der Brust sowie Fragmente einer Gruppe mit Pferdewagen.

Von der Place Jamaa Assouna führt die Avenue Moulay Hassan in westlicher Richtung zum **Bab er-Rouah** 4 (Tor der Winde), dessen Innenräume eine Galerie für moderne Kunst beherbergen. Von außen beeindruckt das neben dem Tor der Oudaïa-Kasbah schönste und bedeutendste Stadttor der alten Almohadenmauer durch das Zusammenspiel von mächtiger Architektur und feiner Dekoration, bestehend aus Koransuren und Arabesken.

Medina

Die etwa 5 km lange, die Medina umgebende Stadtmauer wurde 1197 unter den Almohaden errichtet. Im 17. Jh. ließen andalusische Einwanderer den nördlichen Teil der Anlage durch eine neue Mauer, die sog. Mauer der Andalusier, begrenzen. An ihrer südwestlichen Ecke beginnt der Rundgang durch die Altstadt bei dem am Boulevard Hassan II. gelegenen **Bab el-Had** 5 (Tor des Sonntagsmarktes). Unmittelbar hinter dem Tor befindet sich rechter Hand die kleine, moderne, 1968 errichtete *Mosquée Sett el-Khandor*, vor der allmorgendlich Tagelöhner mit Werkzeug sitzen und auf Arbeit warten. Geradewegs führt die Rue Souika an zahlreichen kleinen Restaurants und Geschäften vorbei. Eine ganze Schar öffentlicher Schreiber bietet hier mit französischen und arabischen Schreibmaschinen Analphabeten ihre Dienste an. Bedeutende Monumente in den Mauern der Medina gibt es, verglichen mit den anderen Königsstädten, nur wenige. In der Rue Sidi Fatha stößt man auf ein paar ältere Moscheen, von denen die im 18. Jh. entstandene **Mosquée El-Mekki** 6 die interessanteste ist. Sie besitzt über dem Hauptportal ein geschnitztes Vordach.

Von der Place Souk el-Ghezel, dem im Norden der Medina gelegenen ehem. Sklavenmarkt, führen die Gassen in südlicher Richtung durch das Viertel der Schneider und Textilhändler. Über die Rue des Consuls und die Rue Souk es-Sebat erreicht man schließlich die **Grande Mosquée** 7, die im 14. Jh. errichtete, im 19. und 20. Jh. jedoch vollständig erneuerte Große Moschee. Ein paar Schritte weiter befindet sich auf der selben Straßenseite ein schöner Brunnen aus dem 14. Jh. Durchwandert man die Rue Souk es-Sebat nun Richtung Norden, verengt sich die Straße nach 100 m zu einer schmalen Gasse mit einfachen Läden und Straßenverkaufsständen und mündet hinter dem **Bab el-Bahr** 8 (Tor des Meeres) in die Straße Tarik el-Marsa über dem Tal des Bou Regreg.

Die **Kasbah des Oudaïa** 9, an der Stelle einer Festung (*Ribat*) im 12. Jh. errichtet und im 17. Jh. erweitert, verdankt ihren Namen dem arabischen *Volksstamm der Oudaïa*, der seit dem 13. Jh. in Marokko siedelte. Im 17. Jh. hatte er durch seine guten Dienste bei der ›Befriedung‹ des Landes die Anerkennung von Moulay Ismail erlangt. Zum Dank schenkte er den Oudaïa die Kasbah in Rabat und einen Stadtteil in Fes. Das unter den Almohaden errichtete **Bab el-Oudaïa**, eines der ältesten Bauwerke der Kasbah von Rabat, wurde Ende des 12. Jh. von Yakoub el-Mansour als Gerichtssaal genutzt. Das Tor zählt zu den schönsten Monumenten der Hauptstadt, sein hufeisenförmiger Bogen besticht durch feine Reliefs – *Schmuckbänder mit Pflanzenornamenten* sowie *kufische Inschriften*. Die Dekoration endet an den unteren Bogenteilen mit zwei schlangenartigen Mustern, die gerne als ein seltenes Beispiel von Tierdarstellungen in der islamischen Kunst angeführt werden. Die Rückseite des Tores ist ebenfalls prächtig geschmückt.

Abweisend und anziehend zugleich – das wehrhafte Bab el-Oudaïa mit seinem von feinen Schmuckbändern gerahmten Portal

Die Rue Jamaa (Straße der Freitagsmoschee) führt vom Bab el-Oudaïa nach Norden. Man passiert die **Mosquée El-Atiqa**, die teilweise noch aus der Gründungszeit der Kasbah, also dem 12. Jh., stammt und damit wohl die älteste Moschee Rabats ist. Die Terrasse am Ende der Straße bietet einen imposanten Blick auf die *Friedhöfe* von Rabat und Salé, auf die nicht enden wollenden weißen Gräber entlang der Meeresküste zu beiden

Die islamischen Friedhöfe von Rabat und von der Schwesterstadt Salé liegen an der Atlantikküste und an den Ufern des Bou Regreg

Seiten des Flusses. Im südlichen Bereich der Kasbah laden die Rue Bazzo und die seitlichen Gassen ein zu einem Bummel zwischen gepflegten, weißblau bemalten Häusern. Am Ende der Rue Bazzo bietet sich das maurische Café mit seiner zum Tal gewandten Terrasse für eine erholsame Rast an.

Auf zwei Seiten von einem großen Garten, dem Jardin Andalou, umgeben, nimmt der im 17. Jh. errichtete ehem. Palast Moulay Ismails den südlichen Teil der Kasbah ein. Heute ist hier das interessante **Musée Ethnographique des Oudaïa** (Tel. 037731537, Mi–Mo 8.30–16.30 Uhr) mit einer kleinen, hervorragend präsentierten Sammlung marokkanischen Kunsthandwerks und Schmuck untergebracht. Der Bau selbst ist, obwohl von geringer Größe, ein schönes Beispiel marokkanischer Palastarchitektur. Die Ausstellungsräume gruppieren sich in vier Flü-

Seit der Thronbesteigung Mohammed VI. schreitet die Demokratie langsam voran

Schorfa – religiöse und weltliche Macht in Marokko

Idriss Ben Abdallah, Begründer der **Idrissiden-Dynastie** (788), war ein **Scherif** (Plural Schorfa), also ein Abkömmling Mohammeds. Als Nachfahre des Propheten konnte er seine Herrschaft über Marokko durch ruhmreiche Herkunft legitimieren. Nach dem Niedergang der Berberdynastien (Almoraviden, Almohaden, Meriniden und Ouattasiden) eroberten im 16. und 17. Jh. erneut arabische Familien den Thron Marokkos, zunächst die **Saadier**, später die **Alaouiten**. Die Alaouiten wurden schon früh als Schorfa anerkannt und verehrt. Ihr Ahnherr Hassan ed-Dakhil war im 13. Jh. aus Arabien ins Tafilalet gekommen. Die Familie gewann in der Region rasch an Einfluss und setzte sich schließlich im 17. Jh. in ganz Marokko durch. Seit über drei Jahrhunderten nun beherrscht die Alaouiten-Dynastie das Land. Daneben führen die jeweiligen Herrscher und Staatsoberhäupter auch den Titel Emir el-Mouminin, ›Fürst der Gläubigen‹, und halten damit weltliche und religiöse Macht gleichermaßen in Händen.

Mohammed V., der Großvater des heutigen Königs, wurde bei seiner Rückkehr aus dem Exil gegen Ende des französischen Protektorats (1956) bejubelt und als der rechtmäßige Souverän anerkannt. Dennoch gaben sich damals Teile des Volkes mit einem machtpolitischen System nach mittelalterlichem Muster nicht mehr zufrieden. Aufstände wurden blutig niedergeschlagen. Am 3. März 1961 bestieg **Hassan II.** den Thron. Ein Jahr später wurde das Land in eine **konstitutionelle Monarchie** umgewandelt, eine neue Verfassung verlieh der Monarchie das Image eines modernen Staates mit demokratischen Tendenzen.

Nach dem Tod Hassans II. 1999 bestieg der damals 36-jährige **Mohammed VI.** den Thron. Der neue König hatte sich für die Regierungsaufgabe gut vorbereitet: Jurastudium, Doktorarbeit über ›Die Zusammenarbeit zwischen dem Maghreb und der EU‹, mehrmonatiges Praktikum in Brüssel beim damaligen Präsidenten der EU-Kommission Jacques Delors und Hospitanz im Hauptquartier der UNO in New York.

2002 heiratete Mohammed VI. die in Fes geborene Salma Bennani, eine gebildete moderne Frau. Von der nunmehrigen Prinzessin Lalla Salima werden im Gegensatz zu früheren Gepflogenheiten Fotos und auch Informationen über ihren familiären Hintergrund veröffentlicht. Im Oktober 2003 hielt der junge König eine historische Rede zur Rolle der Frau in der marokkanischen Gesellschaft und zu ihren Rechten. Danach wurden die entsprechenden Gesetze grundsätzlich zugunsten der Frau geändert. Beispielsweise haben nun auch Ehegattinen das Recht, eine Scheidung einzureichen. Auch im Reich des Emir el-Mouminin ändert sich allmählich die traditionelle Welt.

Der Unvollendete – obwohl nur halb fertig, entwickelte sich der 44 m hohe Hassan-Turm zum Wahrzeichen von Rabat

geln um einen kleinen Innenhof, in dessen Mitte ein flacher Marmorbrunnen steht. Gezeigt werden u.a. Musikinstrumente, Trachten, Keramiken und Goldmünzen (10.–18. Jh.). Zu den wertvollsten Ausstellungsstücken zählt zweifelsohne die Sammlung alter **arabischer Handschriften**, u.a. ein Exemplar von 1256 aus dem Besitz des almohadischen Sultans Omar el-Mortada. Kupferne Getreidemaße für die Almosen (*Zaqqat*), die am Ende des Fastenmonats Ramadan an Bedürftige verteilt werden, sowie ›Zeigefinger‹ aus geschnitztem Holz, mit denen man Textstellen bei Koranlesungen markiert, sind religiöse Exponate.

Folgt man dem Tarik el-Marsa in südlicher Richtung, gelangt man zu dem schon von weitem sichtbaren **Tour Hassan** 10, dem Wahrzeichen Rabats. Ein *unvollendetes Minarett* und zahllose *Säulenstümpfe* erinnern daran, dass der Almohadenherrscher Yakoub el-Mansour eine Moschee gewaltigen Ausmaßes zum Mittelpunkt seiner Residenzstadt machen wollte. Die Ende des 12. Jh. begonnene Anlage hätte mit einem Grundriss von 183 x 139 m die damals zweitgrößte Moschee des Islam nach jener von Samarra (Irak) werden sollen. Nach dem Tod des Herrschers und der Verlegung der Residenz nach Marrakesch gab man die Pläne auf. Doch auch der mit einer Höhe von 44 m nur halb fertige Turm (geplant waren über 85 m) ist beeindruckend. Er steht in einer Reihe mit den älteren almohadischen quadratischen Minaretten der Giralda in Sevilla und der Koutoubia in Marrakesch [s. S. 96], die stilbildend für die marokkanische Architektur waren und sind. Seinen Namen verdankt der im oberen Teil mit geometrischen Reliefs versehene Turm vermutlich Hassan, einem Enkel des Propheten (eine andere Erklärung des Namens liefert das arabische Wort *hasan* – schön).

Anlässlich der Bauarbeiten am benachbarten Mausoleum Mohammeds V. wurde das Gelände in den 1960er-Jahren umgestaltet. Vor dem Turm führt eine Treppe zu dem im Boden versenkten *Grab des Unbekannten Soldaten* und zur (geplanten) Gruft der königlichen Familie. Die Säulenfragmente aus unpoliertem Marmor bilden einen eindrucksvollen steinernen Wald. Im Schatten der Säulen sitzen oft Studentinnen und Studenten, die allein oder in kleinen Gruppen lernen. An hohen religiösen Festtagen finden auf dem Platz Versammlungen statt, und das ganze Jahr über kommen ärmere Einwohner Rabats gerne hierher, um von wohlhabenden Besuchern Almosen zu erbitten.

Im **Mausolée de Mohammed V.** 11 zeigt sich der neomaurische Stil in seiner

Viel besuchte Grabstätte – in dem 1971 erbauten Mausoleum liegt Mohammed V. begraben

Ehrenwache für Mohammed V., den Großvater des heutigen Königs Mohammed VI.

ganzen Pracht. Der wohl schönste moderne Sakralbau Marokkos ist das Werk des vietnamesischen Architekten Vo Toan. Die 1971 eingeweihte Anlage besteht (nach dem Vorbild alter islamischer Grabanlagen) aus dem monumentalen Grabmal selbst – ein mit Carrara-Marmor verkleideter quadratischer Betonbau – und aus einer Moschee. Auch Nichtmuslime dürfen das Mausoleum betreten und sogar fotografieren, allerdings wird die Einhaltung absoluter Ruhe erwartet. Unter dem pyramidenförmigen Dach ist der Innenraum reichlich mit feinem Stuck und Fliesenmosaik (*Zellij*) ausgeschmückt. Die Glasfenster der Kuppel aus geschnitztem Mahagoni wurden in Saint Gobain (Frankreich) gefertigt. Der Sarkophag aus weißem pakistanischem Onyx steht ebenerdig. Die kleineren Gräber an der Seite sind die Ruhestätten der beiden verstorbenen Söhne von Mohammed V., *Moulay Abdallah* († 1983) und *Hassan II.* († 1999).

Außerhalb der Almohadenmauer, unweit vom Bab Zaer, liegt an der Ecke Avenue Yacoub al-Mansour und Boulevard Moussa ibn Nassair die alte Meriniden-

Nekropole **Chellah** 12 (tgl. 9–17 Uhr). Bei schönem Wetter ist sie eine Oase der Ruhe, in der man sich nach einem Stadtrundgang erholen kann.

Anfang des 20. Jh. wurden Teile der römischen Siedlung **Sala** ausgegraben und zugleich Überreste aus punischer Zeit entdeckt. Auf den Ruinen der antiken Stätte ließen die Meriniden im 13./14. Jh. ihre Nekropole errichten. Abou Youssouf Yakoub (reg. 1258–86) wurde hier bestattet und nach ihm zahlreiche andere Herrscher. Der wichtigste von ihnen war Abou el-Hassan (reg. 1331–51), der eine Umfassungsmauer mit reich geschmücktem Monumentaltor um Chellah bauen ließ. Hinter der Ruine der Moschee steht das gut erhaltene Grabmal des Sultans aus der Mitte des 14. Jh., daneben das Grab seiner Gattin Schams ed-Duha. Im ehem. Reinigungsbecken südöstlich der Moschee wird eine heilige Quelle aufgefangen, in der Aale leben. Auf Kindersegen hoffend opfern Frauen den Tieren gekochte Eier. Chellah war in merinidischer Zeit mehr als nur ein Friedhof. Besucher und Pilger konnten in einer einfachen Herberge auf dem Gelände nahe dem Eingang ein Quartier finden.

Im modernen Residenz- und Ministerienviertel **Agdal** befindet sich am Ende der Avenue Alabtal die moderne, 1973 entstandene **Mosquée El-Badr** 13, deren Architektur auf interessante Weise Tradition und Moderne verknüpft. Zwischen der Rue de Dijon und der Avenue en-Nasr erstreckt sich der große öffentliche **Jardin d'Essais** 14 des landwirtschaftlichen Instituts INRA.

Salé

Am nordöstlichen Ufer der Bou-Regreg-Mündung liegt Salé, die jüngere Schwester der marokkanischen Hauptstadt. Ihre noch recht gut erhaltene Medina ist von Rabat aus über den Pont Hassan II. oder per Ruderboot von der Anlegestelle unterhalb der hauptstädtischen Medina zu erreichen.

500 m nördlich des Pont Hassan II. öffnen sich – nicht weit voneinander entfernt – zwei Stadttore zur Medina von Salé, das *Bab el-Mrisa* und, ein Stück weiter nördlich, nahe dem Taxi- und Busbahnhof, das *Bab Fes* (auch Bab Khamis genannt). Betritt man die Medina durch das im 13. Jh. errichtete **Bab el-Mrisa** 15, das älteste Tor der Stadtbefestigung, stößt man direkt auf die Mellah, eines der größten und bedeutendsten Judenviertel des Landes. Alljährlich zu den hohen Feiertagen pilgern marokkanische Juden in Scharen zu den heiligen Gräbern am jüdischen Friedhof. Seit dem Mittelalter blüht das Handwerk in Salé und noch heute lohnt der Streifzug über die Märkte der Altstadt. Im Zentrum der Medina befindet sich der *Souk el-Kebir*, eine moderne Markthalle mit Läden und kleinen Werkstätten von Webern und Schuhmachern. Die Rue de la Grande Mosquée führt an der Kissaria, dem Marktviertel für besonders kostbare Waren wie Schmuck und Parfüm, und an dem im 14. Jh. errichteten *Fondouk Askour* vorbei zur **Grande Mosquée** 16. Die älteste Moschee Salés wurde unter Almohadenherrscher Abou Yakoub Youssouf im 12. Jh. errichtet. Bedeutendster Sakralbau Salés und eine der schönsten merinidischen Koranschulen des Landes ist die benachbarte, 1340 entstandene **Medersa Abou el-Hassan** 17 (tgl. 9–12.30 und 14.30–18 Uhr). Im Gegensatz zu den meisten Moscheen Marokkos dürfen Medersen auch von Andersgläubigen besichtigt werden. Man betritt die Anlage durch ein hufeisenförmiges Tor, das von einem geschnitzten Zedernholzdach überspannt wird. Der kleine *Innenhof* fasziniert durch seine überaus reiche Ausschmückung, Fayencen mit geometrischem Dekor sowie Gipsplatten und Zedernholz mit fein geschnitzten geometrischen und floralen Mustern [zur Architektur merinidischer Medersen s. auch S. 66]. Von der Terrasse der Koranschule aus eröffnet sich ein schöner Blick auf die Altstadt von Salé, aber auch auf die Dächer der umliegenden Häuser. Diese zählen zum Privatbereich der Frauen und Kinder, beim Fotografieren sollte daher Rücksicht genommen werden.

TOP TIPP

Der Schutzheilige der Stadt (†1604) ruht in dem nach ihm benannten **Mausolée Sidi Abdallah Ben Hassoun** 18 direkt hinter der Großen Moschee. Ein Tag vor dem Mulud, dem Geburtstag des Propheten Mohammed, findet ihm zu Ehren eine feierliche Prozession statt, die durch die Medina führt und am Grab des Schutzheiligen *(Marabout)* endet. Am nordwestlichen Ende der Altstadt, über die Rue de la Grande Mosquée zu erreichen, befindet sich der alte islamische Friedhof. Bedeutendstes Grabmal der Anlage ist die **Zaouia de Sidi Ahmed Ben Achir** 19 aus dem 14. Jh. Sidi Ahmed werden heilende Kräfte zugesprochen. In dem viel besuchten Marabout erhoffen

sich die Gläubigen Wunder und bitten um seinen Segen. Öffnungen in der Friedhofsmauer geben den Blick frei auf das bewegte Meer.

In der südwestlichen Ecke der Medina ist heute in einem alten Wachturm aus dem 18. Jh., dem Borj ed-Dumu (Bollwerk der Tränen), das interessante **Musée Régional de la Céramique** ⑳ (tgl. 8.30–12 und 14.30–18.30 Uhr) untergebracht. Ausgestellt werden u. a. keramische Erzeugnisse aus Fes und Meknes.

Ausflüge

Die Umgebung von Rabat und Salé bietet einige interessante Ausflugsmöglichkeiten. In nördlicher Richtung führt die N 1 nach etwa 2 km durch die letzten erhaltenen Bögen eines alten merinidischen Aquädukts. Nach weiteren 1,5 km zweigt eine Straße zum malerisch an der Atlantikküste gelegenen **Marabout de Sidi Moussa** ab, der im 14. Jh. in Salé lebte. Einige Hundert Meter nördlich des Grabes erheben sich die Reste der Kasbah der Gnaoua aus der Zeit Moulay Ismails. Hier war im 17./18. Jh. eine Garnison schwarzer Soldaten untergebracht [s. S. 13]. Fährt man auf der N 1 weiter, gelangt man nach knapp 10 km kurz vor dem Ort Bouknadel zu dem botanischen **Jardin Exotique** (tgl. 8–17.30 Uhr). Die lange vernachlässigte Parkanlage wurde in den letzten Jahren wieder hergerichtet und bietet sich dank ihrer exotischen Pflanzen nun wieder für einen Abstecher an. In der Abgeschiedenheit des Gartens sieht man häufig Liebespaare, die auf Bänken und unter tropischen Bäumen sitzen und Zukunftspläne schmieden oder ihre Namen in Baumstämme einritzen. In den Städten werden solche romantischen Verhaltensweisen nicht geduldet. Noch ein Stück weiter auf der N 1 oder der Autobahn erreicht man bei der Stadt **Kénitra** einen großen *Korkeichenwald*, der ca. 10 % der gesamten Waldfläche des Landes ausmacht. Marokko ist einer der weltgrößten Produzenten von Kork.

Viele Orte entlang der Küste besitzen lange Sandstrände und bieten sich für einen Badeaufenthalt an. Auch die Herrscherfamilie weiß die Schönheit der Küste zu genießen und besitzt bei TOP TIPP **Skhirat** – südlich von Rabat – eine Sommerresidenz. Hier findet man auch gute Hotels und Restaurants.

◁ *Kleinod merinidischer Baukunst – die Medersa Abou el-Hassan in Salé*

Auch im Detail begeistert die Medersa Abou el-Hassan

Praktische Hinweise

Information

Office National Marocain du Tourisme, Rue Oued El Makhazine, Ecke Rue Zalaqa, Rabat, Tel. 037 67 40 13. Gute Stadtpläne findet man in Buchhandlungen (z. B. Av. Mohammed V., in Höhe des Bahnhofs). Weitere Infos und viele Bilder: www.rabat-maroc.net

Flughafen

Aéroport de Rabat-Salé (RBA), 10 km Richtung Meknes, nur per Taxi zu erreichen, Info-Tel. 037 80 80 89. – Royal Air Maroc, Av. Mohammed V., Tel. 037 70 97 66

Öffentliche Verkehrsmittel

Bahnhöfe: Rabat-Agdal, Rue Abderrahman el-Ghafik, Rabat und Rabat-Ville, Av. Mohammed V., Rabat, Info-Tel. 090 20 30 40

Busbahnhof: Etwa 6 km außerhalb des Zentrums, vom Bab el-Had in westlicher Richtung, CTM Info-Tel. 022 43 82 82

Hotels

*******Golden-Tulip-Farah**, Place Sidi Makhlouf, Rabat, Tel. 037 23 74 00, Fax 037 72 21 55, www.goldentulipfarahrabat.com. Sehr gute Lage mit Blick auf Hassan-Turm und Tal des Bou Regreg.

*******Hilton**, Quartier Souissi (zu erreichen über Bd. ed-Doustour), Rabat, Tel. 037 67 56 56, Fax 037 67 14 92, www.hilton.com. Luxushotel mit Geschäften, Konferenzräumen und Pool.

*****__La Tour Hassan Meridien__, 26 Rue Chella, Rabat, Tel. 037 70 42 01, Fax 037 72 54 08, www.latourhassan.com. Nobelhotel in der Nachbarschaft des Wahrzeichens der Stadt. Von hier aus lässt sich die Medina zu Fuß erkunden.

****__Helnan Chellah__, 2 Rue Ifni, Rabat, Tel. 037 66 83 00, Fax 037 70 63 54, www.helnan.com. Hotel im Herzen der Stadt. Gute marokkanische Küche im eigenen Grill-Restaurant.

***__Mercure Sheherazade__, 21 Rue de Tunis, Rabat, Tel. 037 72 22 26, Fax 037 72 45 27, www.accorhotels.com. 300 m südlich des Mausoleums Mohammeds V. im Botschaftsviertel. Gemütliches Hotel mit orientalischem Flair.

***__Royal Hotel__, Av. Allal Ben Abdallah/Ecke Rue Amman, Rabat, Tel. 037 72 11 71, Fax 037 72 54 91, www.mtds.com./royal hotel. Freundliche Unterkunft in der Stadtmitte, etwas laut (Muezzin).

**__D'Orsay__, 1 Av. Moulay Youssouf, Place de la Gare, Tel. 037 70 13 19, Fax 037 70 82 08. Das bahnhofsnahe Hotel bietet ordentliche Zimmer.

Camping

Albatros, Sehb-Eddebh, 20 km südlich von Rabat an einem schönen Strand.

La Palmeraie, Temara, 15 km südlich von Rabat. Sauber, gut organisiert.

Restaurants

TOP TIPP **Borj Eddar**, Plage de Rabat, Rabat, Tel. 037 70 15 00, www.borjeddar.com. Das unterhalb der Oudaïa-Kasbah am Meer gelegene Restaurant serviert Fischspezialitäten (Di geschl.).

Zerda, 7 Rue Patrice Lumumba, Rabat, Tel. 037 73 09 12. Ausgezeichnete marokkanische und französische Küche in einem gemütlichen Ambiente.

2 Larache

Mittelalterliche Medina in Larache, römische Ruinen in Lixus.

Die Stadt Larache an der Mündung des Oued Loukos wurde vom Stamm der *Beni Arus*, der im 7. Jh. aus Arabien einwanderte, unweit des antiken **Lixus** gegründet. Der spanischen Besetzung Ende des 15. Jh. folgte die Eroberung durch Ouattasiden-Sultan Mohammed es-Said esch-Scheikh. In den folgenden Jahrhunderten diente Larache den Korsaren als Stützpunkt. Ein zweites spanisches Intermezzo im 17. Jh. beendete *Moulay Ismail*. Die Untaten der Korsaren nahmen solche Ausmaße an, dass die Stadt von den Franzosen (1765) und den Österreichern (1829) angegriffen wurde. Im 19. Jh. spielte Larache eine wichtige Rolle als Ausfuhrhafen für Meknes und Fes. Heute ist die 70 000 Einwohner zählende Stadt der größte Hafen der Region und zudem bedeutender Marktort (Souk am Sonntag).

Die zentrale **Place de la Libération** ist Schnittpunkt zwischen Neu- und Altstadt. Angrenzend an den belebten Platz bildet das ockergelbe *Bab el-Khamis* (Donnerstagtor) den Eingang zur noch vollständig von einer Stadtmauer umgebenen **Medina**. Durchschreitet man das Tor, steht man auf dem Socco de la Alcaiceria, dem lang gestreckten, von Arkaden umgebenen Souk der Stoffhändler. Am anderen Ende des Platzes beginnt hinter dem *Bab el-Kasbah* das Burgviertel. Vorbei an der im 15. Jh. errichteten Moschee Souika sowie alten Häusern und Fondouks führt die Rue Moulay el-Mehdi zu den restaurierten Festungsanlagen. Das **Castillo de las Cigueñas** (Storchenburg), eine spanische Gründung, ist ein interessantes Beispiel für die Festungsarchitektur des 17. Jh. In einigen Räumen ist ein kleines **Musée Archéologique** (Mo–Fr 10–12 und 15.30–17.30 Uhr) untergebracht, das die allerdings nur spärlichen Funde aus dem römischen Lixus ausstellt. Die wenigen Touristen, die sich nach Larache verirren, finden in der Altstadt eine Oase der Ruhe. Die Richtung Meer verlaufenden Gassen mit ihren weiß getünchten Häusern laden zu einem Spaziergang ein.

Ausflug

5 km nördlich von Larache erheben sich an der Hauptstraße N 1 Richtung Tanger die Mitte des 19. Jh. wieder entdeckten Ruinen der antiken Stadt **Lixus**. Die ehem. punische Siedlung, die älteste phönizische Stadtgründung Marokkos, entwickelte sich unter römischer Herrschaft zu einem wichtigen regionalen Zentrum. Auf dem Hügel liegen die frei zugänglichen Überreste der ältesten Siedlung (manche Blöcke stammen noch aus punischer Zeit), während die Ruinen unterhalb der *Akropolis* überwiegend aus nachchristlicher Zeit (etwa bis zum 5. Jh.) datieren. Die dürftigen Ruinen von Stadtmauer, Theater und einigen Villen mit Mosaikresten verlangen vom Besucher

Alles, was man unbedingt noch für seine Reise durch Marokko benötigt, ist auf dem Markt von Larache günstig zu erwerben

eine Portion Vorstellungskraft, will er sich das Leben in der antiken Stadt vergegenwärtigen. Die Mauerreste im südlichen Teil der Anlage (an der N 1) stammen von großen Werkstätten für die Fischverarbeitung und die Produktion von Garum, einer im Altertum beliebten Sauce: Hierfür wurden mit Salz vermengte Fische mehrere Monate in der Sonne gegoren.

i Praktische Hinweise

Hotel

****Riad**, Rue Mohammed Ben Abdallah, Larache, Tel. 039 91 26 26, Fax 039 91 26 29. Gutes Hotel in schöner Gartenanlage.

3 Asilah

TOP TIPP *Die Lage am Meer, Reste der portugiesischen Festung und bunte Fassaden machen den Reiz der kleinen Medina aus.*

Unter dem Namen *Silis* war das Gebiet des heutigen Asilah bereits in der Antike besiedelt, aus punischer und römischer Zeit ist jedoch nichts mehr erhalten. Im 15. Jh. eroberten die Portugiesen die Gegend und benutzten den Hafen von Asilah als Basis für ihre allerdings fruchtlosen Eroberungsbemühungen im südlichen Marokko. Auch die Spanier hatten keinen Erfolg. 1691 gelang es dann *Moulay Ismail*, die Küstenregion um Asilah endgültig für Marokko zu gewinnen. Zu Beginn des 20. Jh. wurde die Stadt Hauptquartier des berühmt-berüchtigten Stammesführers **Raissouli**, der sich 1906 zum ›*Pascha von Asilah*‹ ausrufen ließ. Mit Überfällen auf Karawanen und der Entführung eines englischen Journalisten und zweier Amerikaner hielt er die Region in Atem. 1924 geriet er in die Gefangenschaft der Widerstandskämpfer um *Abd el-Krim*. Im Jahr darauf starb Raissouli.

Alljährlich im August zieht das 1978 ins Leben gerufene **Internationale Kulturfestival** zahlreiche Gäste aus dem In- und Ausland an. In den 1980er-Jahren um weitere Veranstaltungen ergänzt, hat es sich inzwischen zu einer wichtigen Institution entwickelt. Seit 1989 wird anlässlich des Festivals alle zwei Jahre der nach dem kongolesischen Schriftsteller Gérald-Félix Tchicaya (1931–1988) benannte *Tchicaya-U-Tam'si-Preis* für afrikanische Dichtung verliehen. Inzwischen betrachten viele Autorinnen und Autoren Asilah als

Besonderes Klangerlebnis – das Internationale Kulturfestival in Asilah bietet alljährlich im August klassische und folkloristische Konzerte

Hauptstadt der afrikanischen und arabischen Schriftsteller. Das Festival zieht aber auch Architekten und Maler an. So fallen im Stadtbild immer wieder bunte Fassaden auf, die von marokkanischen und ausländischen Künstlern dekoriert wurden.

Das kleine Städtchen (28 000 Einw.) besitzt eine noch recht gut erhaltene, von einer Mauer aus portugiesischer Zeit umgebene Medina. Vom **Bab Homar** im nördlichen Teil der Stadtmauer führt die Straße zur Place Ibn Khaldoun, die vom mächtigen Turm einer ehem. portugiesi-

Graffiti à la Maroc – an vielen Stellen in der Medina von Asilah haben sich Maler verewigt

schen Kirche überragt wird. Weiter Richtung Süden, immer der Stadtmauer entlang, erreicht man den prächtigen **Palais Er-Raissouli**, der 1909 im maurischen Stil errichtet wurde und heute ein Kulturinstitut beherbergt. Die Räume um den Innenhof sind nach alten marokkanischen Vorbildern reich mit Kacheln, Stuck und bemalten Holzdecken dekoriert. Im August zählt der Palast zu den Veranstaltungsorten des Kulturfestivals. Durch die hübschen Gassen gelangt man von hier aus zum westlichen Ende der Medina. Direkt am Meer liegt ein eindrucksvoller Friedhof mit bunten Gräbern und einem Marabout.

i Praktische Hinweise

Öffentliche Verkehrsmittel

Bahnhof: an der Straße nach Tanger, Asilah, Info-Tel. 090 20 30 40

Busbahnhof: Av. Liberté, Asilah

Hotel

***__Zelis__, 10 Av. Mansour Eddahbi, Asilah, Tel. 039 41 70 69, Fax 039 41 70 98. Gutes Hotel mit Meerblick in der Nähe der Medina.

Restaurant

Alcazaba, 2 Rue Zellaka, Asilah. Das angenehme Restaurant bietet ein überaus reiches Angebot an Fisch- und Meeresfrüchtegerichten.

4 Tanger

Plan Seite 34

Die ›Weiße Taube auf der Schulter Afrikas‹ lockt mit einer malerischen Medina und dem Flair einer Weltstadt.

Das nur wenige Kilometer von Europa entfernte Tanger übte schon immer eine unwiderstehliche Anziehungskraft auf Fremde aus. Nicht nur zahlreiche Touristen besuchen die Stadt, auch Künstler und Schriftsteller lassen sich immer wieder für längere oder kürzere Zeit hier nieder. Es muss an der geheimnisvollen Atmosphäre des alten Schmugglernests liegen, denn Tanger besitzt ansonsten vergleichsweise wenige Sehenswürdigkeiten. Der Charme der Stadt inspirierte auch viele Schriftsteller. So lebte beispielsweise der marokkanische ›Nationalautor‹ *Mohammed Choukri* (1933–2003) viele Jahre in Tanger, ebenso sein US-amerikanischer Freund und Kollege *Paul Bowles* (1910–1999). Dessen Roman ›Der Himmel über der Wüste‹ (›The Sheltering Sky‹, 1949) wurde 1989 von Bernardo Bertolucci verfilmt. Ferner ließen sich mehrere Vertreter der **Beat Generation**, etwa *William S. Burroghs* (1914–1997) und *Jack Kerouak* (1922–1969) in den 1950er- und 1960er-Jahren in Tanger nieder und machten die Stadt zum Schauplatz ihrer literarischen Werke.

Geschichte Die heute 670 000 Einwohner zählende Hafenmetropole steht auf

Belebtes Zentrum von Tanger am Schnittpunkt zwischen Alt- und Neustadt – der Grand Socco

altem Kulturgebiet. Archäologische Funde zeugen von *altsteinzeitlicher Besiedlung*. Der phönizische, später karthagische Stützpunkt wurde 38 v. Chr. Teil der römischen Provinz Hispania. **Tingis**, wie der antike Name der Stadt lautet, entwickelte sich zu einer der bedeutendsten Handelsstädte Nordafrikas.

Nach dem arabischen Vordringen an die Nordspitze Marokkos (unter *Musa Ibn Nusair* 706) diente Tanger den Eroberern als Sprungbrett nach Spanien. Aufgrund ihrer strategisch günstigen Lage war die Stadt auch in den folgenden Jahrhunderten heiß umkämpft. Seit *almohadischer Zeit* bestanden gute Handelsbeziehungen zu den wichtigsten Hafenstädten des westlichen Mittelmeers.

1471 wurde Tanger von den Portugiesen eingenommen und gelangte in spanischen Besitz, als die Portugiesische Krone an *Philipp II.* (1578–1640) fiel. Ab 1643 war die Hafenstadt erneut portugiesisch, geriet aber durch die Eheschließung von Katharina von Portugal und Karl II. von England 1661 in den Besitz der Englischen Krone. 1684 gelang es den Truppen **Moulay Ismails**, das europäische Gastspiel in Nordafrika vorläufig zu beenden.

Im 18. Jh. war Tanger bevorzugter Stützpunkt ausländischer Händler und Diplomaten und entwickelte sich zu einem internationalen Handelszentrum. 1844 musste die Stadt die Unterstützung des algerischen Rebellenführers *Abd el-Kader* durch Sultan Abderrahman büßen: Die Franzosen bombardierten Tanger und ließen die Stadtmauern schleifen. 1892 wurden Teile der Verwaltung einer internationalen Kommission unterstellt, 1912 erklärte man die Stadt zu einer (überwiegend europäisch kontrollierten) ›internationalen Zone‹. Während des Zweiten Weltkriegs wurde die Hafenmetropole von Spanien besetzt, erlangte 1945 erneut internationalen Status und wurde

Die Medina von Tanger besteht aus einem undurchdringbar erscheinenden Häusergewirr

erst nach Auflösung der Protektoratsverträge 1956 an Marokko zurückgegeben. Seit 1962 ist Tanger die ›Sommerhauptstadt‹ des Königreichs. Die Hafenstadt, die sich für die Expo 2012 beworben hat, will nun durch den Bau eines neuen Hafens, neuer Straßen und Bahnverbindungen die Infrastruktur verbessern.

Besichtigung Im Zentrum Tangers, am Schnittpunkt zwischen Alt- und Neustadt, liegt die Place du 9 Avril 1947, auch bekannt als **Grand Socco** 1, Großer Markt. Auf dem belebten Platz, der von etlichen Cafés, Restaurants und Hotels umgeben ist, findet der größte **Markt** von Tanger statt. Besonders an Donnerstagen und Sonntagen lohnt der Besuch, wenn Berber aus dem Rif, unter ihnen Frauen mit breiten Strohhüten und weißrot gestreiften Tüchern (*Fontas*), anreisen und ihre Produkte verkaufen. Zusätzlich beleben Gaukler und Märchenerzähler das Geschäft. Das schöne, mit bunten Kacheln verkleidete Minarett der 1917 errichteten *Moschee Sidi Bouabid* dominiert den Platz. Wenige Schritte westlich, im ehemaligen englischen Konsulat, kommen Liebhaber zeitgenössischer Kunst auf ihre Kosten: Das **Musée d'Art Contemporain** 2 (52 Rue d'Angleterre, Mi–Mo 9–16.30 Uhr), zeigt neben Werken marokkanischer Künstler wie Abdallah Hariri und Fatima Hassan auch internationale Wechselausstellungen.

Im benachbarten **Parc de la Mendoubia** 3 – der Palast war Sitz des ehem. Sultansvertreters – kann eine umfangreiche Sammlung alter Kanonen aus Spanien, Portugal und Marokko besichtigt werden. Der nahe gelegene muslimische Friedhof birgt das Grab des großen Reisenden Ibn Battuta, der im 14. Jh. bis nach Indien vordrang.

Vom Grand Socco betritt man die auf einem Hügel oberhalb des Hafens gelegene Altstadt durch das weiß getünchte **Bab Fahs** 4. Wendet man sich nach Süden, gelangt man durch enge Gassen zur ehemaligen amerikanischen Gesandtschaft, **Legation Americaine** 5 (8 Rue d'Amerique, Tel. 039 93 53 17, Mo–Fr 10–13 und 15–17 Uhr), die heute ein Museum und eine Bibliothek beherbergt. Auf fünf

Im Musée de la Kasbah kann man den Lebensstil vergangener Zeiten nachempfinden

Stockwerken können Besucher historische Dokumente, Karten und Möbel bestaunen. Besonders faszinierend sind jedoch die Gemälde und Zeichnungen namhafter Künstler, etwa Eugène Delacroix und Oskar Kokoschka, die ihre Eindrücke von Tanger auf Leinwand und Papier festgehalten haben. Von hier aus kehrt man am besten zurück zum *Bab Fahs* und erreicht duch die schmale Rue es-Siaghin den **Petit Socco** 6, den Kleinen Markt. Während der Protektoratszeit (1912–56) war der Platz Treffpunkt für Schmuggler und Rauschgifthändler. Heute geht es hier beschaulicher zu. Beim Bummel durch die kleinen Läden der umliegenden Gassen ist jedoch noch immer Vorsicht geboten, denn die Waren werden häufig stark überteuert angeboten. Vom Petit Socco führt die Rue de la Marine zur **Grande Mosquée** 7, die im 17. Jh. begonnen und im 19. Jh. erweitert wurde. Sehenswert sind das gekachelte Hauptportal und das geschnitzte und bemalte hölzerne Vordach. Hinter der Moschee gewährt eine Aussichtsterrasse einen Überblick über den Hafen und die Befestigungsanlagen aus portugiesischer Zeit.

Am nördlichen Ende der Altstadt liegt die **Kasbah**. Wer es eilig hat, erreicht diese von der Großen Moschee aus auf direktem Weg über die Rue Dar el-Baroud und die Rue Maimuni. Schöner ist es aber, sich durch das malerische Gassengewirr Richtung Norden treiben zu lassen. So mancher Weg endet allerdings in einer Sackgasse. Ernsthaft verlaufen kann man sich in dem relativ kleinen Areal jedoch nicht. Beherrschendes Gebäude der Kasbah ist der *Dar el-Makhzen*, der ehem. Sultanspalast aus dem 17. Jh., in dem heute das **Musée de la Kasbah** 8 (Tel. 039 93 20 97, Mi–Mo 9–15 Uhr) untergebracht ist. Das Museum beherbergt zwei Abteilungen, das Musée des *Antiquités* und das *Musée des Arts Marocain*.

TOP TIPP

Vom Eingangsbereich führt eine Treppe zum *ehem. Schatzraum* mit riesigen, im 17. Jh. gefertigten Schatztruhen aus Zedernholz sowie einem eindrucksvollen Tresor aus dem 18. Jh. Die Räume der *kunsthandwerklichen Abteilung* im Erdgeschoss gruppieren sich um einen kleinen Innenhof. Ausgestellt werden Textilien, Kupferwaren, Silberschmuck und Keramik. Die *archäologische Abteilung* präsentiert in Vitrinen Funde aus der Vorgeschichte. Das Fußbodenmosaik des Innenhofs, ›**Seefahrt der Venus mit ihrem Gefolge**‹, stammt aus dem römischen Volubilis und wurde sorgfältig in das Museum versetzt. Nach diesem Mosaik wurde das ›Haus der Venus‹ in Volubilis benannt [s. S. 56]. Kopien von einigen *Bronzeskulpturen aus Volubilis*, deren Originale sich im Museum in Rabat befinden [s. S. 21], komplettieren die Ausstellung. In den Gängen rund um den Hof stehen frühgeschichtliche Stelen mit libyschen Inschriften.

Vom Museum aus gelangt man über die Place de la Kasbah, vorbei am ehem. Gerichtssaal (östlicher Teil der Palastanlage), zum Aussichtspunkt am **Bab er-Raha** 9 im Norden der Kasbah. Bei klarem Wetter scheint die Küste Spaniens zum Greifen nah. Dies hat in den letzten Jahrzehnten zahlreiche Marokkaner zu dem Versuch verleitet, auf dem Seeweg illegal nach Europa einzureisen, in der Hoffnung, fern der Heimat Arbeit zu finden. Offizielle Schiffsverbindungen zum europäischen Kontinent gibt es zwischen dem Hafen von Tanger und Tarifa, Algeciras, Gibraltar, Malaga und Sète an der südfranzösischen Küste.

Über die Rue Riad Sultan und das Stadttor Bab el-Kasbah verlässt man die Medina von Tanger. Von der außerhalb der Altstadt gelegenen Place du Tabor ist es nicht weit zur **Villa Forbes** 10 in der Rue Shakespeare. In dem großzügigen Palast residierte während der Protektoratszeit der amerikanische Verleger und Milliardär Malcolm Forbes (1919–1990), der für seine rauschenden Parties berühmt war. Von hier, hoch oben über der Steilküste, bietet sich eine schöne Aussicht zur südspanischen Küste. Südlich der Medina laden die modernen Boulevards Pasteur und Mohammed V. zum Bummeln ein.

Ausflüge

Von der Place Mohammed V. führen die Rue de Belgique und die Rue Habib Bourguiba über das Viertel **La Montagne** nach 14 km zum nordwestlichsten Punkt Afrikas, dem landschaftlich reizvollen **Cap Spartel**. Hier kann man einen Blick auf die Meerenge von Gibraltar und die spanische Küste werfen. Nach weiteren 4 km gelangt man direkt am Meer zu den **Grottes d'Hercule**. Ein Teil der Grotten kann besichtigt werden. Der Eingang einer der zeitweise überfluteten Höhlen ähnelt dem Umriss einer umgekehrten Karte Afrikas.

Stilvolle Bar im El Minzah, dem besten Hotel von Tanger

Beliebtes Ausflugsziel in der Nähe von Tanger – Grottes d'Hercule

Praktische Hinweise

Information

Office National Marocain du Tourisme, 29 Bd. Pasteur, Tanger, Tel. 039 94 80 50

Flughafen

Aéroport de Tanger Ibn-Batouta Boukhalef (TNG), 15 km südöstlich von Tanger, nur per Taxi zu erreichen, Tel. 039 39 34 82, Fax 039 39 36 76. – Royal Air Maroc, Place de France, Tanger, Tel. 039 37 95 03, Fax 039 93 26 81

Öffentliche Verkehrsmittel

Bahnhof: Moghagha (Straße nach Tetouan, 7 km vom Zentrum), Tanger, Info-Tel. 090 20 30 40

Busbahnhof: Gare Routière, Place el-Jamia el-Arabia, im Südosten (Straße nach Tetouan), Tanger, CTM Info-Tel. 022 43 82 82

Fähre: Ferry Port, Av. d'Espagne, im Norden von Tanger. Überfahrten nach Algeciras, Málaga, Sète, Gibraltar und Tarifa (letztere nur für EU-Bürger). Tickets z. B. bei FRS (Ferries Rápidos del Sur), 18 Rue Farabi n °9, Tel. 039 94 26 12, www.frs.ma

Hotels

*******El Minzah**, 85 Rue de la Liberté, Tanger, Tel. 039 93 58 85, Fax 039 93 45 46, www.elminzah.com. Traditionsreiches Luxushotel mit großzügiger Innenausstattung, tropischem Garten sowie vorzüglichem Restaurant und stilvoller Bar.

*******Mövenpick**, Route de Malabata (Richtung Tetouan), Tanger, Tel. 039 32 93 50, Fax 039 94 19 09, www.moevenpick-hotels.com. Schönes Luxushotel mit Casino und Pool, stadtauswärts direkt am Meer gelegen.

*****Rembrandt**, Av. Mohammed V., Tanger, Tel. 039 93 78 70, Fax 039 93 04 43. Hotel mit schöner Lobby und großzügigen, stilvoll eingerichteten Zimmern.

****Mamora**, 19 Rue Mekhtar Ahardan, Tanger, Tel. 039 93 41 05. Einfache, saubere Unterkunft. Von der Terrasse Blick auf die Straße von Gibraltar.

Camping

Chez Addou, 18 km südlich der Herkules-Grotten, schöne Strände.

Robinson Plage, am Cap Spartel, gegenüber den Herkules-Grotten. Großes sauberes Gelände, der einzige Campingplatz der Umgebung, der sich für einen längeren Aufenthalt anbietet.

Hier ist man Europa ganz nah – nur ein paar Kilometer Mittelmeer liegen zwischen der spanischen Enklave Ceuta und Gibraltar

Restaurants

Anna et Paolo, 77 Av. du Prince-Héritier, Tanger, Tel. 039 94 46 17. Gemütliches Lokal, serviert werden italienische Spezialitäten (So geschl.).

El Pescador, 35 Rue Allal-ben-Abdallah, Tanger, Tel. 039 34 10 05. Köstliche Fischgerichte und leckere Tapas.

San Remo, 15 Rue Ahmed Chaouki, Tanger, Tel. 039 93 84 51. Ruhiges Restaurant im modernen europäischen Stil mit italienischer Küche.

Saveurs de Poisson, Rue El Oualili, Tanger, Tel. 039 33 63 26. Eine der besten Adressen für Fisch (Fr geschl.).

5 Ceuta

Spanische Enklave in Nordafrika. Vom Monte Hacho aus genießt man einen einmaligen Blick auf die europäische Küste und Gibraltar.

Das Gebiet an der östlichen Zufahrt zur Straße von Gibraltar war schon früh besiedelt, vor der römischen Zeit befand sich hier vermutlich bereits ein karthagischer Stützpunkt. Der Name Ceuta, arabisch **Sebta**, stammt von der Bezeichnung *Septem Fratres*, ›sieben Brüder‹. So nannten die Römer die sieben Hügel des im Westen angrenzenden Djebel Moussa.

Wie Tanger war Sebta im 10. Jh. in die Kämpfe zwischen den Omaijaden von Cordoba und den ostmaghrebinischen Fatimiden verwickelt. In der Folgezeit musste die Stadt immer wieder Fremdherrschaft hinnehmen, unterbrochen von nur kurzen Phasen der Unabhängigkeit. 1415 wurde Sebta von den Portugiesen erobert und ging 1580 in **spanischen Besitz** über. Diplomatische Verstimmungen nach dem Besuch des spanischen Königspaares im November 2007 haben wieder einmal daran erinnert, dass die 19 km^2 große Enklave zusammen mit Melilla noch immer einen Zankapfel zwischen Spanien und Marokko darstellt.

Die Stadt Ceuta (75 000 Einw.) hat längst spanischen Charakter angenommen, Monumente der marokkanischen Vergangenheit sind restlos verschwunden. An die Stelle alter Moscheen traten die Kirche Nuestra Señora de Africa und die Kathedrale, beide errichtet im 18. Jh. Wer an der vorspanischen Zeit interessiert ist, findet im **Museo de la Ciudad** (30 Paseo del Revellín, Tel. 956 51 73 98, Mo–Fr 10–14 und 17–20, Sa 10–14 Uhr) punische Amphoren, römische Sarkophage und marokkanische Keramik, daneben aber auch spanisches und portugiesisches Kunsthandwerk sowie Wechselausstellungen.

Zu fröhlichem Badespaß lädt das vom katalanischen Architekten César Manrique aufwendig gestaltete Erlebnisbad **Parque Marítimo del Mediterraneo** (tgl. 11–20 Uhr) mit riesigen Schwimmbecken, Gartenlandschaft und Restaurants ein.

Über die südliche Uferstraße Recinto Sur erreicht man den 200 m hohen **Monte Hacho**, von dem sich ein herrlicher Blick über die marokkanische Küste (Cabo Negro) und das Rifgebirge im Süden eröffnet. Im Norden steht jenseits der Meerenge der ehemals Mons Calpe genannte Felsen, der nun den Namen des ersten islamischen Eroberers Tariq ibn Zeyad auf dem europäischen Kontinent trägt: *Djebel Tariq*, Gibraltar.

i Praktische Hinweise

Landesvorwahl Spanien

00 34

Information

Oficina de Turismo, Calle Edrissis, Ceuta, Tel. 856 20 05 60. – Punto Información Turística, am Fährhafen, Ceuta, Tel. 956 50 62 75, www.turiceuta.com

Hotels

******Parador La Muralla**, 15 Pl. Nuestra Señora de Africa, Ceuta, Tel. 956 51 49 40, Fax 956 51 49 47, www.spainparador.com/Parador-Ceuta.htm. Komfortables, an der Stadtmauer gelegenes Haus mit modernen Zimmern, Restaurant, Bar, Pool und Terrasse.

Restaurants

La Campana, 13 Calle Real, Ceuta, Tel. 956 51 80 05. Die Spezialität dieses angenehmen, zentral gelegenen Restaurants sind schmackhafte Gerichte mit frischem Fisch (So geschl.).

Der Norden – von weißen Dörfern im Rif und der vorletzten spanischen Enklave

Im Norden Marokkos zeigt sich die Nähe zu Spanien besonders deutlich. Zahlreiche muslimische und jüdische Siedler aus Al-Andalus ließen sich, nachdem sie das Land im Zuge der Reconquista verlassen mussten, gerade in dieser Region nieder. Noch heute besitzen einige Städte – besonders reizvoll sind die im Rif gelegenen **Tetouan** und **Chefchaouen** – andalusischen Charakter; sie faszinieren u. a. durch ihre weiß getünchten Häuser. Bei einer Fahrt durch das *Rifgebirge* ist allerdings auch Vorsicht geboten. Hier wird Hanf angebaut, es floriert der Drogenhandel. Mit nicht immer feinen Methoden wird versucht, den Touristen Haschisch anzudrehen. Weiter geht die Fahrt Richtung Mittelmeer. **Al-Hoceima** ist als Badeort besonders bei Marokkanern und Spaniern beliebt und bietet schöne, noch nicht allzu überlaufene Strände. Weiter östlich liegt **Melilla**, die *zweite spanische Enklave* in Nordafrika.

6 Tetouan

Malerisch an den nordwestlichen Ausläufern des Rifgebirges gelegene weiße Stadt.

Die heute 320 000 Einwohner zählende Provinzhauptstadt, im Volksmund ›*Hammam el-Beida*‹, ›die weiße Taube‹, genannt, besitzt spanisch-maurischen Charakter wie keine zweite marokkanische Stadt. Erst ließen sich hier Einwanderer aus Al-Andalus nieder, später, während der Protektoratszeit, war Tetouan bis zur Unabhängigkeit Marokkos Verwaltungszentrum des spanischen Gebietes. Das hat sich auf das Stadtbild ausgewirkt, und die hübsche mauerumgebene Medina gehört denn auch seit 1997 zu den *Weltkulturgütern* der UNESCO.

Geschichte Etwa 5 km nördlich des antiken *Tamuda oppidum* wurde Tetouan im frühen Mittelalter gegründet. Im 13. Jh. legten die **Meriniden** eine Kasbah an, die Sultan Abou Thabit 100 Jahre später gegen Angriffe des benachbarten Ceuta ausbaute. Tetouan entwickelte sich zum **Seeräubernest** und erlangte rasch wirtschaftlichen Aufschwung. Die andauernde Gefährdung der Seewege veranlasste jedoch König *Heinrich III. von Kastilien*, 1399 die Stadt anzugreifen und zu zerstören. Teile der Bevölkerung wurden nach Spanien verschleppt. Die spanische **Reconquista** vertrieb im 16. Jh. zahlreiche Juden und Muslime aus Andalusien, einige von ihnen ließen sich in Tetouan nieder und brachten es mit Hilfe von **Piraterie** zu neuerlichem Wohlstand. Unter *Moulay Ismail* (1672–1727) erlebte die

Messingarbeiten – Teller, Teekannen, Wasserpfeifen – zählen zu den beliebtesten Souvenirs

◁ *Die weißen Häuser von Chefchaouen, der schönsten Stadt im Rif, erstrecken sich zu Füßen des Djebel ech-Chaouen*

Stadt dann dank ausgedehnter Handelsbeziehungen zu Europa ihre größte Zeit. Im 19. Jh. besetzten die Spanier Tetouan gleich zweimal und machten es 1913 zur Hauptstadt des spanischen Protektorats, das bis 1956 Bestand hatte.

Besichtigung Von Tanger kommend, sollte man an der Abzweigung nach Tetouan einen kurzen Halt einlegen. Bei klarem Wetter macht der Anblick der malerisch an den nordwestlichen Ausläufern des Rifgebirges gelegenen ›weißen Taube‹ Lust auf eine ausgiebige Stadterkundung.

Über die Zufahrtsstraße gelangt man auf direktem Weg ins Zentrum. An der belebten **Place Hassan II.** laden zahlreiche Restaurants und Cafés zu einer Erfrischung ein. An der Ostseite des Platzes, an die Medina grenzend, erhebt sich der im 17. Jh. unter Moulay Ismail errichtete, in der Zeit des spanischen Protektorats als Residenz der spanischen Vertretung in Nord-Marokko im neomaurischen Stil erweiterte Königspalast *Dar el-Makhzen*. Eine Besichtigung ist nicht möglich.

Die Place Hassan II. ist Ausgangspunkt für Unternehmungen in alle Himmelsrichtungen. An der südlichen Begrenzung des Platzes befindet sich der Zugang zur **Mellah**, dem jüdischen Viertel. 1492, nach dem Fall Granadas, ließen sich viele aus Spanien geflohene Juden hier nieder. Die Mellah in ihrer heutigen Form stammt jedoch im Wesentlichen aus dem 19. Jh. Bei einem Spaziergang durch die andalusisch geprägten Gassen fällt auf, dass die Wohnhäuser im Gegensatz zu den stets nach innen gekehrten Häusern arabischer Viertel auch auf der Straßenseite große Balkone sowie vergitterte Fenster und Erker besitzen. Die Synagogen der Mellah, die *Große Synagoge*, die *Synagoge Hayn Abdurhan* und die *Synagoge Benhuali*, stehen auch andersgläubigen Besuchern offen.

Durch das **Bab er-Rouah** (Tor der Winde) an der südöstlichen Ecke der Place Hassan II. gelangt man in den islamischen Teil der **Medina**, die zeitgleich mit der Mellah von Flüchtlingen aus Al-Andalus gegründet wurde. Aufgrund ihres guten Erhaltungszustands zählt sie zu den schönsten Altstädten Nordmarokkos, wenngleich ihr herausragende Sehenswürdigkeiten fehlen. Dafür warten die Gassen mit einigen malerischen

Wer des Handelns und Feilschens müde ist, kann in der Kunsthandwerksschule zu Festpreisen marokkanisches Kunsthandwerk erwerben

Die Idylle trügt gelegentlich – das Rif ist durch den Anbau von Hanf und den Verkauf von Haschisch in Verruf geraten

Drogenhandel im Rifgebirge

Im Rifgebirge wird der **Indische Hanf** (Cannabis indica) angebaut und Haschisch produziert. Der Binnenmarkt für diese Droge ist eher begrenzt, die Marokkaner rauchen gerne **Kif**, die getrockneten Blätter der weiblichen Hanfpflanze, in speziellen Pfeifen oder backen Haschplätzchen. Der weitaus größere Teil wandert in den Export: Marokko ist weltweit der größte **Haschisch-Exporteur**.

Ausländische Touristen sind seit den 1970er-Jahren, als das Rif Hippies aus Amerika und Europa in Scharen anzog, gerne gesehen in der Region um die Kleinstadt **Ketama**. Jeder Ausländer, der sich allein in das Zentrum des marokkanischen Drogenhandels aufmacht, gilt schon als potenzieller Kunde.

Vom Haschisch-Erwerb in der Rifregion kann aber nur abgeraten werden. Die **Geld- und Gefängnisstrafen**, die in Marokko auf Drogenbesitz oder -handel stehen, sind hoch und die ausländischen Botschaften können in solchen Fällen meist nicht viel ausrichten. Immer wieder hört man von abschreckenden Fällen, in denen Reisende auf der Fahrt durchs Rif gezwungen wurden, Haschisch zu kaufen. Häufig inszenieren die **Dealer** eine Autopanne oder einen Unfall und zwingen dem hilfsbereiten Touristen eine kleinere oder auch größere Menge der Droge auf. Nicht selten wartet einige Kilometer weiter bereits die **Polizei** und nimmt den Käufer fest. Alleinreisende sollten bei der Fahrt durch die Rifregion Vorsicht walten lassen.

Märkten auf, dem **Souk el-Houts**, dem Fisch- und Lebensmittelmarkt, und dem **Gharsa el-Kebira**, dem ehem. Stoffmarkt, auf dem heute Trödelhändler ein vielfältiges Warenangebot offerieren. Ihre kleinen Werkstätten sind zumeist direkt neben den Verkaufsläden untergebracht. Die Frauen aus dem Rif sind mit ihrer **traditionellen Kleidung**, hell gestreiften Gewändern und riesigen Strohhüten, zwar eine Attraktion für Touristen, doch ist beim Fotografieren immer Zurückhaltung angebracht, die Berber-Frauen verstehen sich nicht als Fotomodelle.

Die kleine, mit Blumen geschmückte **Place Ouassa** zählt zu den schönsten Plätzen der Medina. Der Brunnen in der Mitte ist mit Kacheln verkleidet. Von hier aus ist es nicht weit zur östlich gelegenen *Grande Mosquée* aus dem 18. Jh., zur benachbarten Karawanserei, dem Fondouk Najjar und zur Zaouia Nsiria aus dem 17. Jh. In südlicher Richtung erreicht man das *Bab Okla*, in dessen Nachbarschaft, in einer ehem. Bastei der Stadtmauer, das **Musée d'Art Marocain** (Mo–Fr 9.30–12 und 15.30–18.30 Uhr) untergebracht ist. Das Museum beherbergt eine reiche Sammlung von **kunsthandwerklichen Gegenständen** aus Nordmarokko, insbesondere der Rifregion – Möbel, Kleidung, Musikinstrumente. Ebenfalls am Bab Okla beheimatet ist die 1925 gegründete Kunsthandwerksschule **Ecole des Métiers et d'Arts Traditionnels** (Tel. 039 97 27 21, Mo–Sa 9–18 Uhr) mit Werkstätten und einer Verkaufsausstellung, die äußerst günstige Preise bietet. Hier kann man sich über die Herstellung traditionellen und modernen Kunsthandwerks informieren.

Westlich der Place Hassan II., an der Place Aljala, befindet sich das **Musée Archéologique** (Mo–Fr 9–16.30 Uhr). Die Sammlung bewahrt regionale Exponate aus prähistorischer sowie punischer und römischer Zeit. Eine umfangreiche Bibliothek ist dem Museum angeschlossen. Die benachbarte Hauptachse der Neustadt, **Avenue Mohammed V.**, bildet zusammen mit den angrenzenden Straßen und der Place Moulay el-Mehdi das moderne Geschäftszentrum. In der Umgebung befinden sich zahlreiche Hotels und Restaurants.

i Praktische Hinweise

Information

Office National Marocain du Tourisme, 30 Av. Mohammed V., Tetouan, Tel. 039 96 19 15

Flughafen

Aéroport Sania R'Mel (GMTN), 6 km außerhalb von Tetouan, Tel. 039 97 12 33. Verbindungen nach Casablanca und Al-Hoceima. – Royal Air Maroc, 5 Av. Mohammed V., Tetouan, Tel. 039 96 12 60

Öffentliche Verkehrsmittel

Busbahnhof: CTM, Bd. Ouad el-Makhazine, Tetouan, Info-Tel. 022 43 82 82

Hotels

****Oumaima**, Rue du 10 Mai, Tetouan, Tel. 039 96 34 73. Sympathisches Hotel mit nettem Café.

****Paris**, 31 Rue Chabik Arsalane, Tetouan, Tel. 039 96 67 50. Bewährtes, aber schon etwas in die Jahre gekommenes Hotel mit 40 ordentlichen Zimmern.

***Principe**, 20 Rue Youssouf Ben Tachfin, Tetouan, Tel. 066 55 38 20. Sehr einfache, aber saubere Unterkunft.

***Regina**, 8 Rue Sidi Mandri, Tetouan, Tel. 039 96 21 13. Einfaches Hotel, freundliches Personal.

Restaurants

La Ferma, Straße nach Ceuta, 1,5 km vor Cabo Negro, Tel. 039 97 80 75. Feinste Fischgerichte in einem renovierten Bauernhof direkt am Meer, es werden auch schöne Gästezimmer vermietet.

Hohe Berge, blaue Gebirgsbäche, saftige Wiesen – das Rif bietet sich für Wanderungen an

Weiß gekalkte Häuser und blau gestrichene Türen bestimmen das Bild von Chefchaouen

Palace Bouhlal, 48 Jamaa el-Kebir, Tetouan, Tel. 039 99 87 37. Marokkanische Spezialitäten in einem üppigen maurischen Palast.

7 Chefchaouen

TOP TIPP

Die schönste Stadt im Rif liegt auf 600 m Höhe am Fuß des steil aufragenden Djebel ech-Chaouen.

Nur 60 km von Tetouan entfernt, nach einer Fahrt durch die reizvolle Berglandschaft des Rif, öffnet sich der Blick auf eine weitere arabisch-andalusische Siedlung.

Geschichte 1471 von dem Fürsten *Moulay Ali Ben Rachid* als Stützpunkt gegen die spanischen Niederlassungen Ceuta und Ksar es-Seghir gegründet, entwickelte sich Chefchaouen nach dem Fall von Granada im Jahr 1492 zum Zufluchtsort für muslimische Flüchtlinge aus Al-Andalus. Schon bald beherrschte die kurz **Chaouen** genannte Stadt die Handelsroute zwischen *Tetouan* und *Fes* und gelangte zu Wohlstand. Bis 1920 blieb das Gebirgsstädtchen für Nichtmuslime gesperrt. In dem Jahr gelang den Spaniern erstmals die Eroberung, doch schon bald jagten ihnen die aufständischen Rifkabylen unter *Abd el-Krim* die Stadt wieder ab. Nach mehrfachen erfolglosen Angriffen setzten sich die Europäer 1926 erneut fest. Während der **spanischen Besatzung** wurde die Neustadt angelegt, die sich um die heutige *Place Mohammed V.* strahlenförmig ausbreitet. Erst die marokkanische Unabhängigkeit 1956 beendete

Treffpunkt Kaffeehaus – die marokkanische Männerwelt verbringt einen Großteil ihrer Freizeit im Café

das spanische Intermezzo im Rif. Heute zählt die kleine Provinzhauptstadt mit ca. 43 000 Einwohnern (Chaouni) zu den bedeutendsten Sehenswürdigkeiten Nordmarokkos.

Besichtigung Die gut erhaltene **Medina** mit ihren verwinkelten Gassen ist ein Kleinod unter den andalusisch-arabischen Städten Nordmarokkos. Von der östlich der Altstadt gelegenen Straße und dem über einen Pfad zu erklimmenden Hügel hat man einen unvergesslichen **Blick** auf die Stadt mit ihren weißblau gestrichenen Häusern.

Von der **Place Mohammed V.** kommend, betritt man die noch vollständig von einer Mauer umgebene Medina durch das Bab el-Ain. Zentraler Platz ist die *Place Outa el-Hammam*. Bei einem

Der Markt ist nicht nur Ort des Kaufens und Verkaufens, sondern dient zugleich dem Austausch von Neuigkeiten

Die Berber – eine selbstbewusste Volksgruppe

Seit dem 8. Jh. n. Chr., der Zeit der islamisch-arabischen Eroberung, hat sich der arabische bzw. arabisierte Anteil der marokkanischen Bevölkerung zwar kontinuierlich erhöht, doch bilden die Berber nach wie vor eine starke, selbstbewusste Volksgruppe. Trotz **Islamisierung** und weitgehender **Arabisierung** in vielen Bereichen des täglichen Lebens bestehen in Marokko **zwei Kulturen** nebeneinander.

Die Herkunft der Berber ist bis heute ungeklärt, doch besiedelten sie schon in vorrömischer Zeit das Land. Der Name Berber, sie selbst bezeichnen sich als **Imazighen** (›die freien Leute‹), stammt entweder von dem lateinischen **Barbari**, Barbaren, oder von dem Stammvater **Beru Borr**.

Marokko wurde zwischen dem 11. und dem 15. Jh. von verschiedenen Berberdynastien beherrscht. Drei große Berbergruppen (Stämme) sind in Marokko zu unterscheiden: Die **Chleuh** aus der Masmouda-Familie siedeln im Antiatlas und in den westlichen Ausläufern des Hohen Atlas, die **Beraber** aus der Familie der Sanhadscha im östlichen Hohen Atlas und dem Mittleren Atlas, die Heimat der **Rifis** aus der Familie der Zenata ist das Rifgebirge. Der Anteil der Berber an der marokkanischen Bevölkerung wird auf etwa 40–60 % geschätzt.

Pfefferminztee in einem der Cafés oder Restaurants kann man das quirlige Treiben der Altstadt auf sich wirken lassen. An der südöstlichen Ecke des Platzes ragt die eindrucksvolle, noch unter Stadtgründer *Moulay Ali Ben Rachid* errichtete **Grande Mosquée** empor. Sie besitzt ein kunstvoll verziertes achteckiges Minarett. In unmittelbarer Nachbarschaft befindet sich der Eingang zur **Kasbah** des *Moulay Ismail* (17. Jh.). In einem Teil dieser alten Festung ist ein völkerkundliches **Musée Ethnographique** (Tel. 039 98 63 43, Mi–Mo 9–13 und 15–18.30 Uhr) eingerichtet: Frauen- und Männertrachten der Region, Schmuck, Keramik, Brautsänften, bestickte Textilien, Waffen und Musikinstrumente dokumentieren arabisch-andalusische Kultur. Von der Terrasse des Museums aus kann man den Blick über die Altstadt genießen. Ebenfalls zu besichtigen ist das ehem. Gefängnis, in dem während des Protektorats Widerstandskämpfer eingesperrt waren. In einem der Räume werden Werke einheimischer Künstler zum Kauf angeboten. Die **Zaouia** des Stadtgründers Moulay Ali Ben Rachid erhebt sich am westlichen Medinaeingang gegenüber der Hauptpost.

Außerhalb der Stadtmauer liegt in schöner Umgebung die Quelle *Ras el-Ma*, die ganzjährig Wasser führt.

Praktische Hinweise

Öffentliche Verkehrsmittel

Busbahnhof: Av. Tarik Fes (unweit der Place Mohammed V.), Chefchaouen

Hotels

******Parador**, Place el-Makhzen, Chefchaouen, Tel. 039 98 63 24, Fax 039 98 70 33. Schön gelegenes, gepflegtes Hotel mit Blick auf die Berge. Restaurant mit internationaler Küche.

TOP TIPP *****Auberge Dardara**, N 2 Al Hoceima–Chefchaouen, 10 km südlich von Chefchaouen, Tel. 039 88 39 19, Fax 039 93 84 29, www.chez.com/dardara. Geschmackvoll zu einem Gästehaus umgebauter Bauernhof vor eindrucksvoller Bergkulisse. Die Küche bietet viel frisches Gemüse aus dem eigenen Garten.

Restaurant

Tissemlal, 22 Rue Targui, Chefchaouen, Tel. 039 98 61 53. Das zentral im Hotel Casa Hassan gelegene Restaurant serviert marokkanische Spezialitäten.

8 Ouezzane

Pittoresk am Djebel Bou Hellal gelegene Wallfahrtsstätte mit schöner kleiner Medina.

Die 1727 durch den Scherifen Moulay Abdallah aus der Idrissiden-Familie gegründete Zaouia (Wallfahrtsstätte) spielte bis zum 19. Jh. eine wichtige Rolle in der marokkanischen Politik. Die Führer der **Taibia-Bruderschaft** beherrschten die Region und hatten zeitweise sogar auf die Sultane großen Einfluss.

Zentrum der Ortschaft (53 000 Einw.) und Verbindung zwischen Medina und Neustadt ist die große **Place de l'Indépendance**, an der sich einladende Stra-

Einzelstück – das Minarett der Zaouia in Ouezzane besitzt eine für Marokko ungewöhnliche Achteckform

ßencafés befinden. Der südöstlich gelegene Marktplatz (Souk am Mittwoch und Donnerstag) ist ein guter Ausgangspunkt für einen Rundgang durch die Altstadt. Ein Treppenweg führt vorbei an alten Häusern und Werkstätten zur **Zaouia Moulay Abdallahs** und ihrem schönen, mit grünen Kacheln verzierten achteckigen **Minarett**.

9 Al-Hoceima

TOP TIPP *Moderner Badeort mit malerischem Fischerhafen.*

Die Stadt am Mittelmeer wurde 1926 von den Spaniern als Militärstützpunkt gegen die Bedrohung durch die Armee Abd el-Krims gegründet und hat sich heute zu einem **modernen Badeort** entwickelt (113 000 Einw.). Historische Bauwerke kann man aufgrund der späten Gründung natürlich nicht erwarten, doch besitzt Al-Hoceima ein hübsches, im spanischen Stil erbautes Zentrum. Sehenswert ist der kleine Hafen besonders am frühen Morgen, wenn die Fischer heimkehren.

In den Sommermonaten steht der Ort besonders bei marokkanischen und spanischen Urlaubern hoch im Kurs. Zu den schönsten **Stränden** der Umgebung zählen die von *Cara Iris*, *Torrès* und *Badès*. Um sie zu erreichen, fährt man in Richtung Chefchaouen und biegt nach 15 km rechts auf die kleine Landstraße ab.

Praktische Hinweise

Information

Office National Marocain du Tourisme, Quartier Calabonita, Al-Hoceima, Tel. 039 98 11 85

Flughafen

Aéroport Charif el-Idrissi, 17 km östlich von Al-Hoceima, nur per Taxi zu erreichen, Tel. 039 98 20 05. – Royal Air Maroc, Al-Hoceima,Tel. 039 84 04 97

Öffentliche Verkehrsmittel

Busbahnhof: CTM, Place du Rif, Al-Hoceima, Info-Tel. 022 43 82 82

Hotels

*****Mohammed V.**, Plage de Quemado, Al-Hoceima, Tel. 039 98 22 33, Fax 039 98 33 14. Exklusive Lage am Stadtstrand, im Sommer werden auch Bungalows vermietet.

****National**, 23 Rue de Tetouan, Al-Hoceima, Tel. 039 98 21 41. Sehr gutes kleines Hotel, freundlicher Empfang.

Restaurant

Kiyossko Port, Al-Hoceima. In dem netten kleinen Lokal am Hafen werden Fischgerichte serviert.

Neben dem Tourismus ist die Fischerei nach wie vor ein wichtiger Erwerbszweig am Mittelmeer. Al-Hoceima besitzt einen kleinen, aber sehenswerten Hafen

Beliebtes Reiseziel marokkanischer und spanischer Urlauber – der am Mittelmeer gelegene Ferienort Al-Hoceima mit seinen weißen Häusern inmitten abwechslungsreicher Natur

10 Melilla

Die zollfreie spanische Enklave ist ein beliebtes Einkaufsparadies mit pittoreskem Hafen und alter Festung.

Melilla ist eine 12 km² große **spanische Enklave** an der Ostseite der nordafrikanischen Halbinsel Guelaia. Aufgrund der strategisch günstigen Lage war der Ort bereits in der Antike heiß begehrt. Als **Russadir** von den Phöniziern gegründet, geriet die Hafenstadt zunächst in karthagischen, später in römischen Besitz. 705 wurde Melilla vom zweiten arabischen Eroberungszug überrollt und ab dem 10. Jh. von den verschiedenen marokkanischen Herrscher-Dynastien zu einem wichtigen Hafen ausgebaut. Die größte Blüte erlebte Melilla im 13. Jh. 1497 gelang den *Spaniern* die Eroberung. In der Folgezeit kam es immer wieder zu marokkanischen Angriffen auf das kleine Stück Land. Trotz aller Versuche der Marokkaner, die Stadt zurückzugewinnen, ist Melilla seit nunmehr 500 Jahren politisch und größtenteils auch wirtschaftlich vom marokkanischen Hinterland abgeschnitten. Heute hat Melilla etwa 65 000 Einwohner: Christen, Muslime, Juden und Hindus. Der *Hafen* der Stadt erlebte durch den Fischfang und die Ausfuhr von Eisen und Stahl aus der Nachbarstadt Nador einen Aufschwung. Die 500-Jahr-Feier am 17. September 1997 wurde in marokkanischen Zeitungen als »unverantwortlicher und provokativer Akt« angeprangert.

Von der *Plaza de España* im Zentrum der Neustadt erreicht man über den Paseo del General Macias die kleine, erhöht auf einer zum Meer hin steil abfallenden Halbinsel liegende Altstadt von Melilla, **Medina Sidonia**. Die Festungsarchitektur stammt z. T. noch aus dem 16. Jh. Das **Museo Municipal** (Plaza Pedro de Estopiñan, Tel. 952 68 13 39, Di–Sa 10–14 und 15.30–20, So 10–14 Uhr) besitzt eine kleine Sammlung mit Funden aus prähistorischer sowie punischer und römischer Zeit. Einige Exponate erläutern die spanische Geschichte der Stadt.

Von der **Plaza de España** dehnen sich die modernen Stadtviertel nach Westen aus, die Haupteinkaufsstraße ist die breite *Avenida de Juan Carlos I. Rey*.

i Praktische Hinweise

Landesvorwahl Spanien

00 34

Information

Oficina de Turismo, 21 Calle Fortuny, Melilla, Tel. 952 67 54 44 und Plaza de España, Melilla, Tel. 952 68 04 80, www.melillaturismo.com

Hotels

*****Parador de Melilla**, Av. Cándido Lobera, Melilla, Tel. 952 68 49 40, Fax 952 68 34 86, www.parador.es. Im historischen Zentrum gelegenes Hotel mit Swimmingpool, Restaurant und schönem Blick auf die Stadt.

Europäisches Überbleibsel in Nordafrika – Innenstadt der spanischen Enklave Melilla

**Rusadir, 5 Calle Pablo Valescá, Melilla, Tel. 952 68 12 40, Fax 952 67 05 27, rusadir@grupokm.com. Zentrale und dennoch ruhige Lage.

Restaurants

Granada, 36 Marqués de Montemar, Melilla, Tel. 952 67 30 26. Fischgerichte dominieren die Speisekarte.

Los Salazones, 15 Conde Alcaudete, Melilla, Tel. 952 67 36 52. Fisch- und Meeresfrüchte-Spezialitäten.

11 Oujda

Die Grenzstadt zu Algerien besitzt eine kleine Medina mit interessanten Souks.

Oujda, an der *Grenze zu Algerien* gelegen, wurde Ende des 10. Jh. als Hauptstadt eines kleinen Reiches der Berberdynastie der Maghraoua gegründet. Die Region, im 11. Jh. von den **Almoraviden**, im 12. Jh. von den **Almohaden** erobert, war bis ins 20. Jh. hinein von Marokko und Algerien heiß umkämpft. Im 17. und 18. Jh. wurde die Stadt wiederholt von den Türken und schließlich den Franzosen besetzt. Während der **Protektoratszeit** diente sie als Stützpunkt der Fremdenlegion. Heute ist Oujda (400 000 Einw.) vor allem als Handelsstadt an der Grenze zum Nachbarstaat von Bedeutung. Von einer Fahrt nach **Algerien**, die von Oujda aus eventuell noch möglich ist, wird aufgrund der dort seit Jahren andauernden terroristischen Anschläge bis auf weiteres abgeraten.

Nach Oujda verirren sich nur wenige europäische Touristen. Das könnte daran liegen, dass die Stadt im Laufe ihrer wechselhaften Geschichte immer wieder zerstört wurde und daher historische Monumente weitgehend verschwunden sind. Die **Medina** ist jedoch auch ohne besondere Highlights sehenswert. Ausgehend von der zentralen *Place du 16 Août 1953*, an der sich die Verwaltungsgebäude und die Post befinden, ist ein kleiner Rundgang empfehlenswert. Die Straßen Rue de Marrakech, Rue el-Mazouzi und Rue des Marchés führen durch die Souks, an der **Kissaria** vorbei und, mit einem Knick nach Süden, zur **Grande Mosquée** aus dem 13. Jh. Das östliche Stadttor **Bab Sidi Abd el-Wahab**, ebenfalls aus dem 13. Jh., ist neben der Moschee das einzige einigermaßen gut erhaltene und sehenswerte Bauwerk aus der Vergangenheit. Südöstlich bietet sich der *Park Lalla Aicha* für eine erholsame Pause an.

i Praktische Hinweise

Information

Office National Marocain du Tourisme, Place du 16 Août, Oujda, Tel. 036 68 56 31

Öffentliche Verkehrsmittel

Bahnhof: Bd. Abdallah Chefchaouni, westlich von Oujda, Info-Tel. 090 20 30 40

Busbahnhof: Place du 3 Mars, Oujda

Hotels

***__Ibis Moussafir__, Place de la Gare/ Bd. Abdallah Chefchaouni, Oujda, Tel. 036 68 82 02, Fax 036 68 82 08, www.accorhotels.com. Modernes, komfortables Hotel, durch die Nähe zum Bahnhof etwas lauter.

*__Lutetia__, 44 Bd. Hassan Loukili, Oujda, Tel. 036 68 33 65. Einfache, aber saubere Unterkunft.

Restaurants

Le Dauphin, 38 Rue de Berkane, Oujda, Tel. 036 68 61 45. Die besten Fischgerichte der Stadt in einem gepflegten Restaurant 200 m nördlich der Medina.

Restaurant National, 17 Bd. Allal-ben-Abdallah (in Bahnhofsnähe), Oujda. Gute Tajines zu günstigen Preisen.

12 Taza

Schöne Lage auf zwei unterschiedlich hohen Plateaus im Bergland.

Das von **Meknassa-Berbern** um 700 zwischen den beiden Gebirgszügen des Rif und des Mittleren Atlas an den wichtigen Verbindungsstraßen zwischen dem östlichen und dem westlichen Marokko gegründete Taza entwickelte sich in der Folge zu einem heiß umkämpften Ort. Von den *Almoraviden* und später von den *Almohaden* erobert, diente die Stadt letzteren vor der Eroberung von Marrakesch kurzzeitig als **Residenz**. Der im 15. Jh. einsetzende Niedergang konnte in alaouitischer Zeit aufgehalten werden. Moulay Ismail nutzte die neu entstandene Festung als Schutzschild gegen die Türken von Algier. 1902 ließ sich der ehem. hohe Beamte *Bou Hamara* in Taza zum **Gegensultan** ausrufen, wurde aber nach blutigen Kämpfen 1909 festgenommen und hingerichtet. Ab 1914 war Taza von den Franzosen besetzt. Heute ist die Provinzhauptstadt (210 000 Einw.) Garnisonsort und Handelszentrum zugleich. Am Montag und Donnerstag findet der große Markt statt.

Die Neustadt von Taza (*Taza Ville*) erstreckt sich auf einem etwa 450 m hohen Plateau um die Place de l'Indépendance. Die Medina (*Taza Haut*) liegt auf einem zweiten, etwas höheren Plateau und ist über die Avenue Moulay Youssouf zu erreichen.

Man betritt die Altstadt durch das südliche Bab el-Ghebor, ein Überbleibsel der alten Stadtmauer aus dem 12. Jh. Der Festungsturm **Bestioun** stammt aus dem 16. Jh. Nördlich der Burg liegt die Höhle **Kifan el-Ghomari**, in der zu Beginn des 20. Jh. menschliche Skelette aus dem Paläolithikum entdeckt wurden. Vom Bab el-Ghebor aus führen die Straßen zur Place el-Aharrasch, durch verwinkelte Gassen gelangt man weiter zur **Mosquée des Andalous**, deren Minarett aus der Zeit der Almohaden (12. Jh.) stammt. Nördlich davon befindet sich eine **merinidische Medersa** (14. Jh.) mit sehenswertem Innenhof und Gebetsraum. In der Koranschule ist heute ein *Volkskundemuseum* untergebracht. Nach einem Gang durch die Souks (u. a. werden hier schöne Teppiche der Beni-Ouarain-Sippe angeboten) gelangt man zur **Djamia es-Souk**. Die Moschee besitzt ein außergewöhnliches Minarett, dessen Aufbau breiter ist als die Basis. Im nördlichen Teil der Medina liegt die aus dem 12. Jh. stammende **Grande Mosquée**. Hinter der Moschee erhob sich einst der im 17. Jh. errichtete Sultanspalast, an den heute nur noch ein Trümmerfeld erinnert. Vom nördlichen **Bab er-Rih** aus hat man einen recht hübschen Blick über die Gärten und die Neustadt.

i Praktische Hinweise

Information

Auskünfte über Taza beim Office National Marocain du Tourisme in Fes, Tel. 035 62 34 60

Öffentliche Verkehrsmittel

Bahnhof: nördlich der Ville Nouvelle, Taza, Info-Tel. 090 20 30 40

Busbahnhof: Place de l'Indépendance, Taza, CTM Info-Tel. 022 43 82 82

Hotels

***__Friouato Salam__, Bd. Bel Hassan, Taza, Tel. 035 67 25 93, Fax 035 67 22 64. Ruhig, zwischen Alt- und Neustadt gelegen.

**__Du Dauphiné__, Av. Prince Héritier Sidi Mohammed (an der Place de l'Indépendance), Taza, Tel. 035 67 35 67. Reizvolles Jugendstilhaus in ruhiger Lage. Mit großen Zimmern und gutem Restaurant.

Zwischen Fes und Meknes – Höhepunkte maurischer Kunst

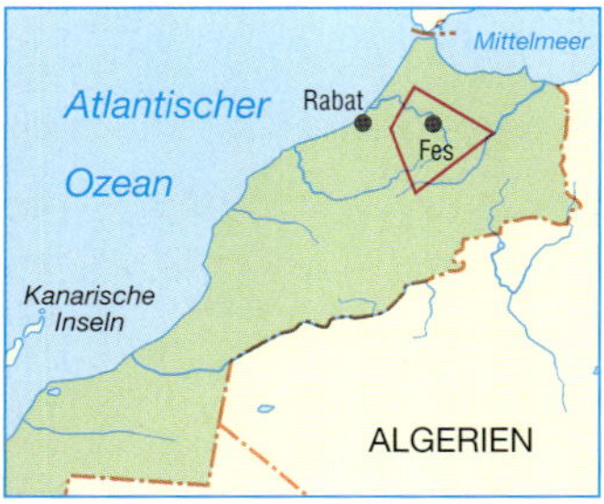

In einer sanften, hügeligen Landschaft im Herzen Marokkos liegen, umgeben von zahllosen Olivenhainen, die **bedeutendsten Sehenswürdigkeiten** des Landes. In **Volubilis** zeugt eine der beeindruckendsten *antiken Ausgrabungsstätten* Nordafrikas vom römischen Erbe. Und hier wurde der aus Arabien geflüchtete Idriss Ben Abdallah, der spätere Idriss I., Ende des 8. Jh. von islamisierten Berbern zum Führer ausgerufen. Von Volubilis aus gründete er das erste arabisch-islamische Reich auf marokkanischem Boden. Nur einen Hügel weiter entstand **Moulay Idriss**, der wichtigste Wallfahrtsort Marokkos. In der Altstadt von **Fes**, der bedeutendsten der **vier Königsstädte**, fühlt man sich ins Mittelalter versetzt. Neben einzigartigen Denkmälern aus vergangenen Jahrhunderten erwarten den Besucher die schönsten Souks Marokkos. *Moulay Ismail* verlegte im 17. Jh. seine Residenz nach **Meknes**. Doch bereits Ismails Sohn und Nachfolger *Moulay Abdallah* erkor erneut Fes zur Residenzstadt. Der noch nicht einmal vollendete prachtvolle Palast von Meknes verfiel und musste als Steinbruch für Neubauten in Fes herhalten.

13 Volubilis

Plan Seite 54

Eingebettet in eine weite, hügelige Landschaft, erstrecken sich die Ruinen des antiken Volubilis am Fuß des Djebel Zerhoun.

Seit man Ende des 19. Jh. auf Reste der Römerstadt stieß, legten französische Archäologen die größte und bedeutendste Ausgrabungsstätte des Landes frei. Einige der antiken Bauwerke wurden rekonstruiert, Säulen und Mauerteile restauriert. Bei einem Rundgang durch das Gelände bekommt man so einen guten Eindruck vom Aussehen einer römischen Provinzstadt. Entsprechend ihrer Bedeutung ernannte die UNESCO die Ruinenstadt von Volubilis 1997 zum Weltkulturerbe

Geschichte Funde weisen darauf hin, dass der Ort schon vor **Juba II.** (25 v. Chr.–23/24 n. Chr.) Bedeutung erlangt hatte. Der in Rom erzogene *König von Mauretanien* wurde von Augustus als Statthalter eingesetzt und verwaltete die Provinz Mauretania fast 50 Jahre lang. Die Ermordung seines Sohnes Ptolemaios 40 n. Chr. löste einen Berberaufstand aus, den die Römer blutig niederschlugen. 42–285 erlebte Volubilis als Hauptstadt der römischen Provinz **Mauretania Tingitana** eine Zeit wirtschaftlicher und kultureller

◁ *Der reiche Wandschmuck der Medersa Attarine in Fes offenbart die erstaunliche Kunstfertigkeit marokkanischer Handwerker*

Eintauchen in die Antike – Volubilis besitzt zahlreiche gut erhaltene Mosaike, hier die Fußbodendekoration des Nymphenbades

Blüte. Mitten in einem großen Olivenanbaugebiet gelegen, verdankte die Stadt, die zu dieser Zeit ca. 10 000–20 000 Einwohner hatte, dem Handel mit Olivenöl ihren Wohlstand. Gegen Ende des 3. Jh., als sich Berberaufstände häuften, wurde die Hauptstadt nach Tingis (Tanger) verlagert und der allmähliche Verfall von Volubilis begann.

Noch bis zum Ende des 8. Jh. lebten Berber in den Mauern der Stadt. Die Bewohner von Volubilis machten den aus Arabien geflüchteten Idriss Ben Abdallah 788 zu ihrem Führer. Als **Idriss I.** rief er den ersten *arabisch-islamischen Staat* auf marokkanischem Boden aus. Nach der Gründung von Fes jedoch wurde die Stadt verlassen und in den folgenden Jahrhunderten als Steinbruch benutzt. Trotz dieser Plünderungen standen zu Beginn des 18. Jh. noch einige Bauwerke. Erst ein Erdbeben im Jahr 1755 brachte auch sie zum Einsturz. Seit 1887 wird die Ruinenstätte ausgegraben.

Besichtigung Für einen Rundgang zu den wichtigsten Monumenten von Volubilis (Sommer tgl. 8.30–18 Uhr, Winter tgl. 8.30–17 Uhr) sind etwa 2 Std. einzuplanen. Man betritt das Gelände durch das rekonstruierte **Südosttor** der ursprünglich 2500 m langen antiken Stadtmauer, die auf der Ostseite in einer Höhe von 1,50 m wieder errichtet wurde. Pfeile weisen den Weg zu den bedeutendsten Ruinen.

Linker Hand stößt man zunächst auf eine alte *Ölpresse*. Von hier ist es nicht weit zum **Haus des Orpheus [1]**, das wie andere Profanbauten nach seinem bedeutendsten Mosaik benannt wurde. Die prächtige Darstellung der **Orpheus-Sage** im Triclinium (Speisesaal) zeigt den mythischen Sänger mit seiner Harfe. Seiner Musik lauschen die Tiere der ganzen

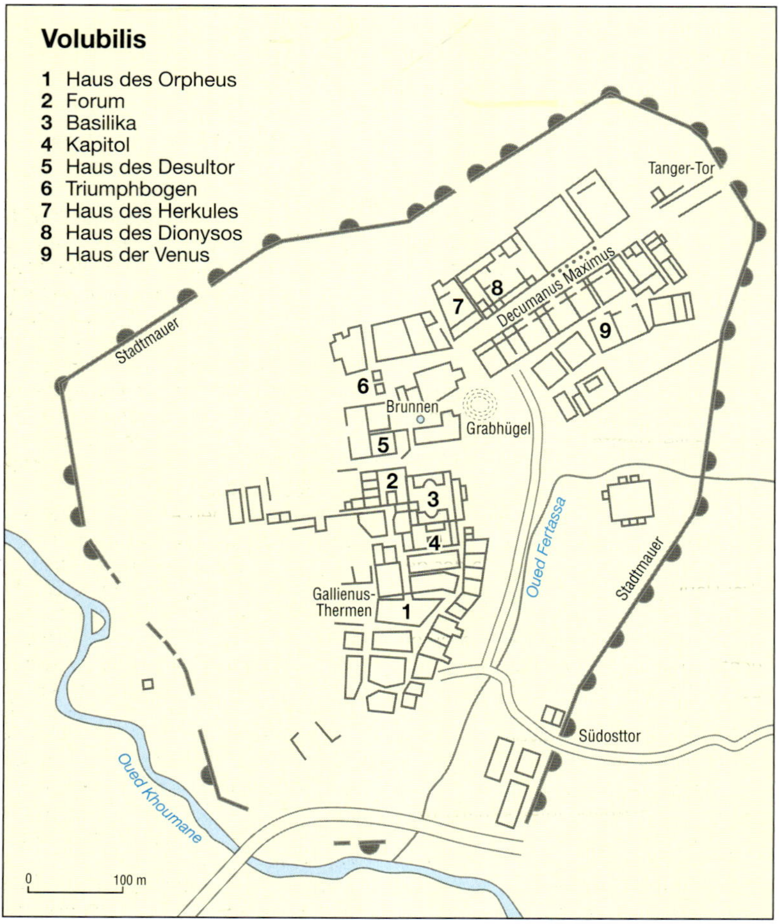

Weitblick – von den Ruinen des Kapitols in Volubilis reicht der Blick bis nach Moulay Idriss, der heiligsten Stadt Marokkos

Welt. Vorbei an einer rekonstruierten Ölpresse und den Resten der *Gallienus-Thermen* gelangt man zum Zentrum der römischen Stadt, dem **Forum [2]**. Das unter Kaiser Septimius Severus (193–211) angelegte Forum wird auf seiner östlichen Seite von der **Basilika [3]** eingefasst. Die imposanteste Ruine des antiken Volubilis, eine durch Arkaden in fünf Schiffe geteilte Halle, diente u. a. als Gerichtssaal. Im Zuge der Grabungsarbeiten im 20. Jh. wurde ein Teil der Anlage wieder aufgebaut. Südlich schließt sich das einst von Säulenreihen umgebene **Kapitol [4]** an. Hier erheben sich die Überreste des den drei Hauptgöttern *Jupiter*, *Juno* und *Minerva* geweihten Podiumtempels. Ohne Giebel stehen die wenigen wieder aufgerichteten korinthischen Säulen vor der Cella. Nördlich des Forums steht das **Haus des Desultor [5]**. Zwei schlichte, aber sehenswerte Mosaiken schmücken die Räumlichkeiten: Auf einem der Bilder sitzt ein Zecher (die Figur wird auch als *Desultor*, Kunstreiter, interpretiert) rückwärts auf einem Esel und hält einen Humpen in der Hand, die andere Darstellung zeigt einen Angler am Flussufer. Der Grabhügel nordöstlich des Desultor-Hauses bietet den schönsten Blick auf die Ausgrabung und nach Moulay Idriss. Das besterhaltene Bauwerk der gesamten Grabungsstätte ist der monumentale **Triumphbogen [6]**, der 217 n. Chr. zu Ehren des ermordeten Kaisers *Caracalla* (211–217) errichtet wurde. Die Nischen des 6 m breiten und 8 m hohen Bogens waren mit Götterbildern geschmückt. Bekrönt wurde er von einem bronzenen Streitwagen mit der Figur des triumphierenden Caracalla.

Im nordöstlichen Abschnitt des *Decumanus Maximus*, einer der beiden Hauptachsen der römischen Stadt, liegen die prächtigsten Villen von Volubilis, allesamt mit schönen Mosaiken ausgestattet. Das **Haus des Herkules [7]** wurde nach den zwölf Arbeiten des Herkules benannt, deren Darstellungen sich um eine Abbildung der *Entführung des Ganymed* durch den adlergestaltigen Jupiter gruppieren. Zwischen den Herkules-Bildern finden sich Allegorien der vier Jahreszeiten. Das **Haus des Dionysos [8]** zeigt ebenfalls ein Mosaik mit Allegorien der vier Jahreszeiten.

Überquert man den Decumanus Maximus, der in nordöstlicher Richtung zum

Imposant – die Basilika zählt zu den am besten erhaltenen Bauten von Volubilis

Tor von Tanger führt und ehemals mit Arkaden und kleinen Läden ausgestattet war, stößt man auf die Reste von weiteren Häusern. Das **Haus der Venus [9]** in der Parallelstraße des Decumanus wurde nach einem Mosaik benannt, das im Archäologischen Museum in der Kasbah von Tanger aufbewahrt wird [s. S. 36] und einst das Triclinium des Hauses schmückte. Von dessen an Ort und Stelle verbliebenen, ebenfalls hervorragenden Mosaiken sind besonders sehenswert: die Entführung des Hylas durch Nymphen, Diana, die im Bad vom Jäger Aktaion überrascht wird, und ein Mosaik im südlichen Teil des Peristyls (Innenhof) mit der Karikatur eines Wagenrennens im Zirkus.

Caracalla zu Ehren – Triumphbogen des römischen Kaisers in Volubilis

14 Moulay Idriss

TOP TIPP

Heiligste Stadt Marokkos: Zahlreiche Gläubige pilgern siebenmal zur Grabstätte Idriss I. als Ersatz für die Pilgerfahrt nach Mekka.

Von Volubilis kommend, bietet es sich an der Hauptstraße an, nicht dem Schild nach Moulay Idriss zu folgen, sondern links abzubiegen und gleich die kleine Bergstraße hinaufzufahren. Nach kurzer Fahrt erreicht man einen schönen **Aussichtspunkt** über der Stadt, die zwischen zwei Hügeln des Djebel Zerhoun liegt. Die Zaouia Idriss I. ist an den grün glasierten Ziegeldächern erkennbar.

Idriss I., der Begründer der ersten arabischen Herrscherdynastie auf marokkanischem Boden, ließ sich nach seiner Flucht aus Arabien in Volubilis nieder, das kurze Zeit, vor der Gründung von Fes, als Residenz diente. 792 wurde er von einem Gesandten des Abbasidenkalifen *Harun er-Rachid* vergiftet und hier bestattet. Die Grabstätte Idriss I. in Moulay Idriss entwickelte sich im Lauf der Jahrhunderte zum wichtigsten *Wallfahrtsort Marokkos*. Ganzjährig herrscht großer Andrang in der Stadt, Pilger reisen aus dem ganzen Land an. Der Glaube, Muslime, die siebenmal zur Grabstätte Idriss' I. pilgern, müssten nicht mehr zur Hadsch nach Mekka aufbrechen, wird von der Orthodoxie des Islam nicht bestätigt. Doch ist eine Reise nach Mekka für die meisten Gläubigen unerschwinglich. Bis 1917 durfte die heiligste Stadt Marokkos von Andersgläubigen nicht betreten werden.

Die **Zaouia** in ihrer heutigen Form entstand im Wesentlichen in der Zeit *Moulay Ismails* (1672–1727). Im Zentrum des riesigen Komplexes erhebt sich der quadratische, mit einem grün glasierten Pyramidendach gedeckte Marabout. Die Grabstätte des Heiligen ist von einer Freitagsmoschee, mehreren Innenhöfen und Koranschulen umgeben.

Die Zaouia ist von der *Place Sahat Massira el-Khadra* aus zu erreichen. Der heilige Bezirk (*Horm*) darf jedoch von Nichtmuslimen nicht betreten werden. Ihnen bleibt nur der Blick aus der Ferne, vorbei an einer Sperre, auf das prächtige dreitorige Portal. Links vor dieser Schranke führt eine Gasse durch die dicht bebaute Ortschaft den Hügel hinauf zu einer schönen **Aussichtsterrasse** direkt oberhalb des Mausoleums. Von hier aus hat man den besten Blick auf die Grabstätte.

TOP TIPP

Ende August bis Mitte September, wenn das große **Fest** (Moussem) zu Ehren Idriss I. begangen wird, herrscht besonders großer Andrang in Moulay Idriss. Tausende von Pilgern schlagen ihre Zelte vor den Toren auf, Tanz, Musik und folkloristische Veranstaltungen sorgen für eine heitere Stimmung.

i Praktische Hinweise

Hotel

******Volubilis-Inn**, Tel. 035 54 44 05, Fax 035 54 42 80, www.hotelvolubilisinn.com. Das an der Ausgrabung gelegene Hotel bietet Zimmer mit Ruinenblick sowie eine gepflegte marokkanische Küche.

15 Meknes

Plan Seite 58

Königsstadt mit den Überresten der Ville Imperiale Moulay Ismails.

Von der N 13 (Boulevard Circulaire) aus eröffnet sich am Morgen der schönste Blick über das Tal des Oued Boufekrane auf die Medina von Meknes. Die Trennung zwischen alter und neuer Siedlung wird hier besonders deutlich: Jenseits des Tals im Südosten liegt die Medina, auf der anderen Seite die Ville Nouvelle. Als gelungenes Beispiel einer harmonischen Verbindung alter und neuer Architektur wurde Meknes (550 000 Einw.) 1996 zum *Weltkulturerbe* der UNESCO erhoben.

Geschichte Im 10. Jh. ließen sich Meknassa-Berber am Ufer des Oued Boufekrane nieder und gründeten die Siedlung **Meknassa ez-Zeitun** (Meknassa der Öl-

Exponierte Lage – auf einem Hügel um das Heiligtum Idriss I. entstand die Stadt Moulay Idriss, die bis 1917 nur von Muslimen betreten werden durfte

bäume). 1069 wurde sie von den Almoraviden unter Youssouf Ben Tachfin eingenommen, damals entstanden eine erste Burg und eine Kasbah. Nach der almohadischen Zerstörung 1145 wurde eine neue Stadt mit einem schachbrettartigen Grundriss angelegt, die sich unter der Herrschaft der Meriniden und Ouattasiden weiter ausdehnte.

Seine eigentliche Blüte aber erlebte Meknes unter dem zweiten Herrscher der **Alaouiten-Dynastie**, Moulay Ismail. Wiederholte Aufstände der Bevölkerung von Fes veranlassten *Moulay Ismail* (1672–1727), Meknes zu seiner Hauptstadt zu machen. Mit einer Armee von 30 000–50 000 schwarzen Sklaven festigte er seine Macht. Ein Großteil von ihnen wurde zum Bau der gigantischen Palastanlage herangezogen. Nach Ismails Tod und der erneuten Verlegung der Residenz nach Fes geriet Meknes in Vergessenheit, die Monumente verfielen. Das Erdbeben von 1755 sorgte für weitere Zerstörungen.

Bis Anfang des 20. Jh. in Bedeutungslosigkeit verharrend, entwickelte sich Meknes erst in den folgenden Jahrzehnten zu einem modernen **Handwerks-** und **Handelszentrum**. Bekannt ist es vor allem für die gestickten Tischdecken und damaszierte Metallgegenstände (*Damasquinage*, Tauschierarbeit: Eingravierte Muster werden mit eingelegten Silberfäden optisch hervorgehoben). Mit 680 000 Einwohnern ist Meknes heute eine der größten Städte des Königreichs.

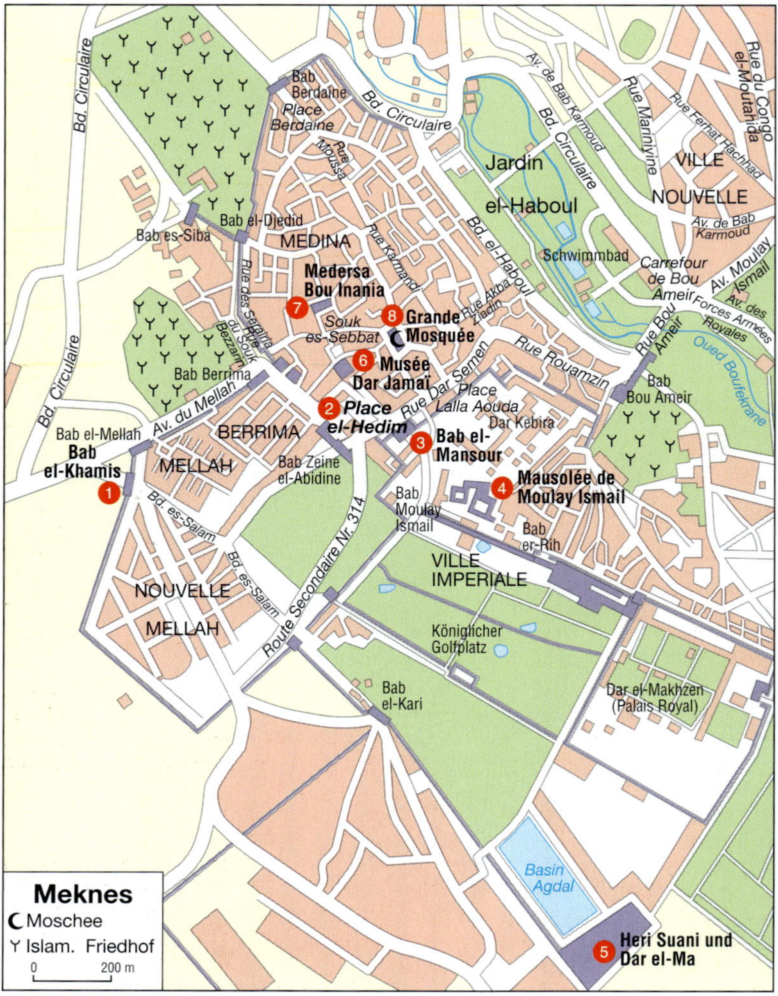

Schatztruhe maurischer Ornamentik – das Bab el-Mansour bildete einst den überaus prächtigen Eingang zur Ville Imperiale in Meknes

Besichtigung Um sich eine Vorstellung von den gewaltigen Ausmaßen der *Medina* und besonders der *Ville Imperiale* zu machen, sollte man zunächst einen Blick auf die gewaltigen **Stadtmauern** werfen, die einst eine Gesamtlänge von über 40 km besaßen. Vorbei an dem sich nördlich der Altstadt anschließenden Friedhof gelangt man zum **Bab el-Khamis** 1, das nach dem früher hier stattfindenden Donnerstagsmarkt benannt wurde. Das 1687 errichtete wehrhafte Stadttor mit seinen schönen Dekorationsbändern zählt zu den beeindruckendsten von Meknes. Hinter dem Tor öffnet sich die Mellah, das ehem. jüdische Viertel, das heute fast ausschließlich von Muslimen bewohnt wird.

Ville Imperiale

An der Schnittstelle zwischen Medina und Ville Imperiale liegt die **Place el-Hedim** 2, mit ihren Souvenirläden und Cafés ein beliebter Treffpunkt von Einheimischen und Touristen. Abends mischen sich häufig Gaukler oder Musiker unters Volk.

Südöstlich des Platzes erstreckt sich die **Ville Imperiale**, die königliche Stadt. 1672 verlegte *Moulay Ismail*, der zweite Herrscher der noch heute regierenden Alaouiten-Dynastie, seine Residenz von Fes nach Meknes und unterstrich seinen Machtanspruch durch den Bau einer riesigen Palastanlage. Weite Teile des Komplexes, der größer war als die Medina, haben jedoch die Zeit nicht überdauert – die Ruinen beeindrucken allein durch ihre Ausmaße.

Bedeutendstes Überbleibsel der Ville Imperiale ist das allerdings erst von Moulay Ismails Sohn *Moulay Abdallah* 1732 fertig gestellte **Bab el-Mansour** 3 – zweifelsohne das schönste Tor von Meknes. Der mit Schmuckbändern übersäte dreitorige Hufeisenbogen bildete einst den äußerst prächtigen Eingang zur Kaiserstadt. Die Marmorsäulen stammen aus dem antiken Volubilis, die Kompositkapitelle sind eine Schöpfung der Architekten Moulay Ismails.

TOP TIPP

Hinter dem Tor, in dem heute eine Ausstellungshalle eingerichtet ist, liegt die Place Lalla Aouda. Südöstlich davon erstrecken sich die Ruinen des *Dar Kebira*, des Hauptpalastes Moulay Ismails. Unweit davon fand der Herrscher seine letzte Ruhestätte. Das im 18. Jh. errichtete **Mausolée de Moulay Ismail** 4 (Sa–Do 8.30–12 und 14–18 Uhr, Schuhe am Eingang abstellen) steht auch Nichtmuslimen offen. Über zwei Innenhöfe ist der quadratische, von zierlichen Säulen getragene Gebetsraum zu erreichen. Er ist mit Zellij, Stuck und bemaltem Holz elegant ausgestattet. Zwei Schrankuhren, Geschenke Ludwigs XIV., erinnern an die frühen diplomatischen Beziehungen zwischen Marokko und Frankreich. Von diesem Raum kann man einen Blick in das eigentliche Mausoleum werfen. Hinter dem Grabmal befindet sich ein weiterer Raum, der für die Familie der Alaouiten reserviert ist.

Der eigentliche Palast, *Dar el-Makhzen*, wird noch heute von der königlichen Familie genutzt und ist daher nicht für die Öffentlichkeit zugänglich. Der hohen Palastmauer folgend, gelangt man am südlichen Ende der Ville Imperiale zu zwei Versorgungsbauten, dem **Heri Suani** (Speicher) und dem **Dar el-Ma** 5 (Haus des Wassers). Der Eingang befindet sich an der Nordseite des Komplexes. In den Gewölben wurden die Vorräte gelagert, für Kühlung sorgte ein System von Wasserkanälen, dicken Stampflehmmauern und Lüftungslöchern in der Decke, darüber befanden sich Gärten und Terrassen. Der südliche Teil der Anlage fiel dem Erdbeben von 1755 zum Opfer. Eindrucksvolle Perspektiven bieten sich dem Beobachter durch die zahllosen Arkaden.

Medina

Zurück an der *Place el-Hedim* kann man sich ins Getümmel der nahe gelegenen

Moulay Ismail fand in seinem unvollendeten Palastbezirk in Meknes seine letzte Ruhestätte

TOP TIPP

Medina stürzen. Am Eingang zur Altstadt liegt das **Musée Dar Jamaï** 6 (Mi–Mo 9–12 und 15–18.30 Uhr), das in einem Wesirpalast aus dem 19. Jh. untergebracht ist. Vom begrünten Innenhof aus sind die Ausstellungsräume des Volkskundemuseums zugänglich. Die Sammlung kunsthandwerklicher Gegenstände umfasst Holzschnitzereien, Metallarbeiten und Trachten. Besonders interessant sind die Räume des Obergeschosses, die einen guten Einblick in die herrschaftliche Wohnkultur des 19. Jh. geben.

Lässt man sich in nordwestlicher Richtung durch die Gassen treiben, erreicht man nach einigen Biegungen die *Rue Souk es-Sebbat* im Zentrum des Souks, der zu den größten und bedeutendsten von Marokko zählt. Hier findet man ein überaus reiches Angebot an marokkanischen Handarbeiten, insbesondere Teppiche, Metallgegenstände und Keramik.

Gleich um die Ecke liegt in der Rue Najjarine die **Medersa Bou Inania** 7 (tgl. 9–12 und 15–18.30 Uhr), die wie die gleichnamige Koranschule in Fes in merinidischer Zeit (14. Jh.) unter den Sultanen *Abou el-Hassan* und *Abou Inan* entstand. Mit ihrem reich geschmückten Innenhof und der Gebetshalle zählt sie zu den schönsten Koranschulen des Landes. Im Obergeschoss befinden sich die sehr einfachen Studentenzimmer. Von der Terrasse, die nicht immer zugänglich ist, bietet

Wohnzimmer eines marokkanischen Wesirs – das Musée Dar Jamaï gibt einen Einblick in die gehobene Wohnkultur des 19. Jh.

Das grüne Minarett der Großen Moschee von Meknes erstrahlt in der Farbe des Propheten

Durchblick – Speichergebäude im Palastbezirk Moulay Ismails

sich ein wundervoller Blick auf die Medina und die benachbarte **Grande Mosquée** 8. Das Tor der Großen Moschee ist reich geschmückt, beachtenswert sind vor allem die oberen Dekorationselemente aus geschnitztem, bemaltem Holz.

Die Altstadt von Meknes bestens im Blick – die Poolterrasse des Hotel Transatlantique

Praktische Hinweise

Information

Office National Marocain du Tourisme, Place de l'Istiqlal, Meknes, Tel. 035 52 44 26

Öffentliche Verkehrsmittel

Bahnhöfe: Gare d'Amir Abd el-Kader, Meknes, zentral gelegen; Hauptbahnhof, Av. des F.A.R., an der Grande Mosquée, Meknes, Info-Tel. 090 20 30 40

Busbahnhof: CTM, 47 Av. Mohammed V., Meknes, Info-Tel. 022 43 82 82. Weitere Busgesellschaften befinden sich beim Bab Zein, unterhalb der Place el-Hedim (100 m vom Bab Mansour).

Hotels

*****__Transatlantique__, Rue el-Meriniyine, Meknes, Tel. 035 52 50 50, Fax 035 52 00 57. Großzügiges Hotel mit Swimmingpools, Sportanlagen und sehr guter marokkanischer sowie internationaler Küche. Schöner Blick auf die Medina, besonders in den Abendstunden.

****__Rif__, Zankat Accra, Meknes, Tel. 035 52 25 91, Fax 035 52 44 28. Angenehmes Haus mit guter Küche. Die Zimmer zur Straße sind etwas laut.

****__Zaki__, Bd. el-Massira, außerhalb des Stadtzentrums an der N 13 Richtung Azrou, Meknes, Tel. 035 51 41 47, Fax 035 52 48 36. Schöne Anlage mit Pool, Restaurant, Bar und Nachtklub.

***__Bab Mansour__, 38 Rue Emir Abd el-Kader, Meknes, Tel. 035 52 52 39, Fax 035 51 07 41. Sauberes Hotel, gute Zimmer.

***__Volubilis__, 45 Av. des F.A.R., Meknes, Tel. 035 52 50 82. Geschmackvoll eingerichtete Zimmer in einem Hotel aus den 1950er-Jahren.

**__Majestic__, 19 Av. Mohammed V., Meknes, Tel. 035 52 20 35, Fax 035 52 74 27. Gepflegtes Hotel mit schönem Innenhof und Terrasse.

Restaurants

Le Dauphin, 5 Av. Mohammed V., Meknes, Tel. 035 52 34 23. Gepflegtes Lokal mit reicher Auswahl an Fischgerichten.

Riad, 79 Ksar Chaacha, Meknes, Tel. 035 53 05 42, www.riadmeknes.com/riad.htm. Im schönen grünen Innenhof des Altstadtpalastes werden marokkanische Gerichte serviert.

16 Fes *Plan hintere Umschlagklappe*

Die größte Medina des Landes begeistert durch ihre labyrinthartigen Gassen, ihre lebendigen Souks und vor allem durch die bedeutenden Moscheen und Medersen aus der Zeit der Merinidenherrscher.

Fes (1 Mio. Einw.), die älteste und zugleich schönste der vier marokkanischen Königsstädte, liegt 60 km nordöstlich von Meknes inmitten der fruchtbaren Saïs-Ebene. Die Stadt, viele Jahrhunderte politisches, geistiges und wirtschaftliches Zentrum des Landes, teilt sich in vier Stadtteile: Medina (Fes el-Bali und Fes Djedid), Ville Nouvelle und zwei neue Viertel südlich und nördlich der Medina.

Geschichte Bereits 789 gründete Idriss I. am rechten Ufer des Oued Fes **Medinat Fas**. Als Datum der eigentlichen Stadtgründung gilt jedoch das Jahr 809, als sein Sohn *Idriss II.* einen neuen Stadtteil, El-Aliya, am anderen Flussufer errichten ließ. Kurz darauf ließen sich Flüchtlinge aus Al-Andalus in Fas und aus dem tunesischen Kairouan in El-Aliya nieder. Die damals durch Mauern voneinander getrennten Stadtteile wurden nach ihren Bewohnern Aduat el-Andalus und Aduat el-Kairaouine genannt. Die Lage an der Kreuzung wichtiger Handelswege ermöglichte einen raschen *wirtschaftlichen Aufschwung*. Zudem entwickelte sich Fes nach Gründung der **Kairaouine-Universität** zum geistigen Zentrum des Landes.

Nach der **almoravidischen Eroberung** 1069 wurden die Mauern der beiden Städte eingerissen, durch ihre Zusammenlegung entstand **Fes el-Bali**. Die im 9. Jh. begonnenen und später mehrfach erweiterten Bauten der Andalusier- und der Kairaouine-Moschee erinnern noch heute an die Ursprünge von Fes. Die Residenz des Sultans wurde unter *Youssouf Ben Tachfin* erstmals nach Marrakesch verlegt. Ihre größte Blüte erlebte die Stadt am Oued Fes nach der Eroberung durch die **Meriniden** ab 1248. Die neuen Herrscher machten Fes abermals zur Hauptstadt und läuteten damit eine rege Bautätigkeit ein. Das Stadtviertel **Fes Djedid** (›das neue Fes‹) mit Königspalast, Moscheen und Medersen wurde angelegt. Hier, nahe der Sultansresidenz, entstand im 14. Jh. außerdem die Mellah, in der sich die Juden aus Fes el-Bali und jüdische Flüchtlinge aus Andalusien ansiedelten. Im Zuge der *spanischen Reconquista* und der christlichen Eroberung von Cordoba entwickelte sich Fes zum großen **kulturellen Zentrum** des westlichen Islam.

In der zweiten Hälfte des 16. Jh. eroberte die **Dynastie der Saadier** das Land und ernannte Marrakesch zur Hauptstadt ihres Reichs. Fes blieb weiterhin wichtiges geistiges und wirtschaftliches Zentrum. Mit dem ersten Herrscher aus dem Haus der **Alaouiten**, *Moulay Rachid*, der 1666/67 Fes erneut zur Residenz machte, kehrte die politische Bedeutung zurück. Bis auf ein Intermezzo von Meknes, 1672–1727 Residenz des Sultans *Moulay Ismail*, änderte sich am Status der Stadt bis Anfang des 20. Jh. nichts mehr.

Die Unruhen nach einem Aufstand der Bevölkerung gegen Sultan *Moulay Hafid* im Jahr 1911 nutzten die Franzosen, um in Fes einzumarschieren. Während des französischen Protektorats entstand zwar mit der **Ville Nouvelle** ein neues Stadtviertel, doch durch die Verlegung der Hauptstadt nach Rabat verlor Fes endgültig seine politische Bedeutung. Bis zum heutigen Tag ist die älteste der vier Königsstädte jedoch das geistige Zentrum des Landes und zieht in den letzten Jahrzehnten dank ihres kulturellen Erbes zahlreiche Touristen an – ein nicht zu unterschätzender Wirtschaftsfaktor.

Der schönste Brunnen Marokkos – die Fontaine Nejjarine in der Altstadt von Fes

Besichtigung Noch bevor man sich in das Labyrinth der Medina wagt, empfiehlt es sich zur besseren Orientierung, die beiden Altstädte auf der Umgehungsstraße *Tour de Fes* zu umrunden. Von den drei Aussichtspunkten **Borj Sud** ❶, vormittags, **Tombeaux Merinides** ❷ (Meriniden-Nekropole) und **Borj Nord** ❸, nachmittags, bieten sich die schönsten Panoramablicke über Fes el-Bali nach Fes Djedid. Von oben ist das Gefüge der Stadt am besten erkennbar.

TOP TIPP

Fes el-Bali

Für den europäischen Reisenden stellt die Medina von Fes die orientalisch-arabische Stadt par excellence dar. Um sie vor dem Verfall zu bewahren, haben sich die UNESCO – die Fes 1981 zum *Weltkulturgut* erklärte – und private Stifter die Aufgabe gestellt, die Substanz und Struktur der Altstadt zu schützen und zu restaurieren. Fes wird als Stadt des Kunsthandwerks durch Werkstätten und Geschäfte geprägt. Einige Zweige des traditionellen Handwerks wurden allerdings in den letzten Jahren an die Peripherie verdrängt. Zudem bieten etliche Altstadtläden heute immer häufiger moderne Industrieprodukte an.

Hat man die Erkundung von Fes mit der Aussicht von Borj Sud begonnen, kann man nach kurzer Fahrt zum **Bab Ftouh** ❹ gelangen, einem im 16. Jh. errichteten und im 18. Jh. erweiterten Zugang zum alten *Stadtteil der Andalusier*. Die Marktstraße Fekharine biegt am Ende nach links, dort führt linker Hand die Querstraße Sidi Boujida zur **Mosquée des Andalous** ❺, einer der Freitagsmoscheen von Fes. 859/860 gegründet, wurde die Moschee mehrfach erweitert. 956 erhielt sie ein Minarett nach dem Vorbild der Kairaouine, Anfang des 13. Jh. wurde sie grundlegend erneuert. Besonders prächtig verziert ist das Hauptportal im Norden. Der Weg um die Moschee führt (gegen den Uhrzeigersinn) zu zwei alten Koranschulen, der **Medersa es-Sebbaiyine** ❻ und der 1323 errichteten **Medersa es-Sahrij** ❼ (tgl. 8.30–12 und 14.30–18.30 Uhr), die ein ungewöhnlich großes Reinigungsbecken besitzt. Ein paar Schritte weiter führen die Straße Sidi Youssouf und die Rue Nekhaline mit ihren Schmiedewerkstätten zur Place er-Rsif.

Hier verläuft die Grenze zwischen den beiden alten Stadtteilen. Die Brücke Sidi el-Aouad führt zum anderen Ufer des Oued Fes ins *Kairaouine-Viertel*, wo auf engstem Raum die bedeutendsten historischen Denkmäler von Fes zu finden sind. Nach der Brücke führen rechter Hand die Gassen der Wollfärber zur **Medersa es-Seffarine** ❽. Die älteste Koranschule von Fes, in merinidischer Zeit (1271) entstanden, wird noch heute genutzt und kann daher nicht besichtigt werden. Die *Place es-Seffarine* (Platz der Messingschmiede) wird beherrscht von den umliegenden Schmiedewerkstätten und dem rhythmischen Lärm, den sie verbreiten. Von hier ist es nicht weit zu dem am Oued Fes gelegenen Gerberviertel **Chuwwara** ❾. Die Gerber von Fes el-Bali gehören zu den berühmtesten Handwerkern Marokkos. Leder aus Fes wurde bereits im Mittelalter bis nach Bagdad exportiert. Die Arbeit in der Gerberei und Lederfärberei kann von mehreren Terrassen aus beobachtet werden. Über dem Viertel liegt ein übler Gestank, dem man mit einem vor die Nase gehaltenen Büschel Pfefferminzblätter begegnen kann. Die Häute von Schafen, Ziegen und Kühen werden nach traditionellen Methoden zu Leder verarbeitet. Die Gerber verkaufen die Endprodukte aus den benachbarten Leder-Werkstätten, Babouschen, Taschen, Sitzkissen, gerne direkt.

Mittelalterliche Arbeitsmethoden – im Gerberviertel von Fes scheint die Zeit stehen geblieben zu sein

Das kaum überschaubare Häusermeer von Fes el-Bali – Blick auf den ältesten Teil der Königsstadt kurz vor Sonnenuntergang

An der Place es-Seffarine führt die Rue Derb Taouil nach einer Biegung an die östliche Mauer der Kairaouine-Moschee. Das Viertel um die *Kairaouine-Moschee*, die *Medersa el-Attarine* und das *Mausoleum von Moulay Idriss II.* bildet den Kern der Medina. In diesem Stadtteil feilschen Käufer und Händler geräuschvoll um das bunte Warenangebot, treffen sich Gläubige in ihren religiösen Zentren, lassen sich Touristen vom lebhaften Treiben faszinieren. Viele schöne alte Häuser wurden in Läden umfunktioniert und sind nun edler Rahmen für marokkanische Handwerksprodukte.

Nach einem Linksknick führt die Rue Derb Taouil vorbei an der 1347 errichteten, heute aber verfallenen *Medersa Mesbahia* zum monumentalen Hofeingang der 2007 gründlich restaurierten **Mosquée Kairaouine** ⑩. Die Gründung des bedeutendsten Bauwerks von Fes geht zurück auf das 9. Jh. *Fatima Bint Mohammed el-Feheri*, die mit ihrer Familie aus Kairouan eingewandert war, stiftete um 857 eine bescheidene Anlage, die im Laufe der Jahrhunderte immer wieder erweitert wurde. Mit der Gründung der Universität im 9. Jh. – damit ist sie die älteste theologische Hochschule des Islam – entwickelte sich die Kairaouine rasch zu einem der wichtigsten geistigen Zentren des Maghreb. Unter den Meriniden im 13. und 14. Jh., als hier etwa 8000 Studenten eingeschrieben waren, erlebte die Universität ihre Blüte. Heute sind alle Fakultäten außer Theologie und Islamisches Recht ausgelagert. Sie sind in der ehem., nördlich der königlichen Palastanlage gelegenen Kasbah des Cherarda untergebracht.

Die Moschee in ihrer heutigen Gestalt stammt überwiegend aus dem 12. Jh. und beeindruckt durch gewaltige Ausmaße: Der *Gebetssaal*, der durch 15 Säulenreihen in 16 Schiffe geteilt wird, fasst 22 000 Gläubige. Nichtmuslimischen Besuchern bleibt der Eintritt verwehrt, sie müssen sich mit dem Blick durch eines der 14 Tore in den gefliesten Innenhof begnügen, in dessen Mitte sich der Brunnen für die rituellen Waschungen vor dem Gebet befindet.

Nach dem Gewirr der Souk-Gassen und dem Lärm der Werkstätten bieten zwei Orte in der Nachbarschaft der Kairaouine Erholung: Links lädt ein Kaffeehaus zu einer belebenden Rast bei Kaffee oder Tee ein, rechts die **Medersa el-Attarine** ⑪ (vorraussichtl. bis 2008 wegen Restaurierungsarbeiten geschl.) zu einer Reise ins maurische Mittel-

TOP TIPP

Fester Bestandteil einer Moschee ist der Brunnen für die Waschung vor dem Gebet – Innenhof der Kairaouine

Islamische Architektur – Moschee und Medersa, Haus und Palast

Die **Moschee** (arab. ›Masdjid‹ – ›Ort, an dem man sich (vor Gott) niederwirft‹) ist zwar als Gebetsstätte das muslimische Gegenstück zur christlichen Kirche, sie besitzt allerdings nicht den Charakter eines ›Gotteshauses‹. Man trifft hier zusammen, um in der Gemeinschaft der Gläubigen zu beten. Das ist jedoch keine Pflicht, denn die Gläubigen können ebenso gut an anderen Orten ihrem Gebet nachkommen. Gottesbilder sind dem Islam fremd, als einziges Kultobjekt gilt das heilige Buch, der **Koran**. Die erste Moschee war ein bescheidener Platz: Der Hof im Haus des Propheten in Medina diente der ersten muslimischen Gemeinde als Versammlungsstätte. In der **Djamaa** (Freitagsmoschee) wird gebetet, gepredigt und über weltliche Angelegenheiten diskutiert.

Zentraler Bestandteil einer marokkanischen Moschee ist der Hof **Sahn**, um den sich weitere architektonische Einheiten gruppieren. Vom **Minarett** ruft der **Muezzin** zum Gebet. Der Gebetsraum, ein größerer oder kleinerer Säulensaal, besitzt in der nach Mekka weisenden Wand **Qibla** die Gebetsnische **Mihrab**. Die Orientierung zur heiligsten Stadt des Islam schafft während des Gebets die symbolische Verbindung zur **Kaaba**, zum Haus Abrahams in Mekka [s. S. 112]. In der Regel ist der in Form einer Apsis gestaltete Mihrab der am reichsten ausgeschmückte Teil einer Moschee – er trägt Ornamentbänder und Koraninschriften. Wichtiger Bestandteil der Freitagsmoschee ist die Kanzel **Minbar**, von der aus der **Imam** seine Predigten hält. Im Hof oder in einem speziellen Raum **Mîdha** befindet sich ein Brunnen für die rituelle Reinigung vor dem Gebet.

Die Moscheen Marokkos sind größtenteils für Nichtmuslime unzugänglich. Ausnahmen bilden die nicht mehr als Gebetsstätte genutzte **Moschee von Tinmal** [s. S. 106], das **Mausoleum Moulay Ismails** in Meknes [s. S. 60] sowie die **Moschee Hassan II.** in Casablanca [s. S. 110]. Die Besichtigung der marokkanischen **Medersen**, islamische Lehrinstitute, ist fast immer möglich. Ihr Besuch ist mehr als ein Ersatz, denn sie ähneln den Moscheen von der Anlage her, gruppieren sich um einen Innenhof und besitzen einen – wenn auch bescheideneren – Gebetsraum mit Mihrab.

Das traditionelle arabische **Haus** – sei es ein bescheidenes Familienheim oder ein fürstlicher **Palast** – ist ebenso wie die Sakralbauten um einen Innenhof angelegt. Der Eingang in der Außenmauer ist oft unscheinbar und ein kleiner Vorraum versperrt den Blick ins Innere des Hauses. Um den Hof (oder die Höfe, im Falle eines großen Palastes) öffnen sich die Wohnräume. **Harem** ist der private Bereich der Familie, der Ausdruck kann sich auf einen Teil oder auf das ganze Haus beziehen. Früher lebten die Frauen mit den Kindern vorwiegend dort. In sehr traditionellen Familien wird noch heute die Zweiteilung des Hauses eingehalten.

alter. Man sollte sich Zeit nehmen, um die wundervollen Muster der Innendekoration in Ruhe zu betrachten.

Die um 1323 unter *Sultan Abou Said Othman* errichtete Koranschule ist eines der schönsten Beispiele merinidischer Sakralarchitektur und zugleich eines der bedeutendsten Bauwerke von Fes. Unterrichtet wurde hier bis zum Anfang des 20. Jh. Obwohl die Medersa im Lauf der Jahrhunderte mehrfach restauriert wurde, sind Gebäudeteile aus der Gründungszeit noch im ursprünglichen Zustand erhalten.

Kernstück der Anlage ist der **Hof** (*Sahn*), der sich hinter einem prächtigen Torbogen aus Stuck öffnet. Im Osten und Westen sind den Wänden Pfeilerarkaden vorgelagert. Die für die maurische Kunst typische Dreistufigkeit der Wanddekoration (*Zellij*-Fliesenmosaik im unteren Bereich, Stuckdekor in der Mitte, Holzverschalung in den oberen Wandbereichen und an den Decken) wirkt hier besonders harmonisch. Die Zellij-Dekoration der Pfeiler und Wände wird bekrönt von einem Fries mit Inschriften und Arabesken in Schwarz auf hellem Hintergrund. Die oberen Bereiche werden durch Holzbögen und ein Holzgesims mit geschnitzten Konsolen abgeschlossen. Das Dach ist auf der zum Hof gewandten Seite mit grünen Ziegeln gedeckt. Im Norden öffnet sich der Innenhof zum **Gebetsraum**, dessen Tor eine prächtige Stuckdekoration aus Stalaktitenmustern (*Muqarnas*) besitzt. Auch der hufeisenförmige **Mihrab**, die Richtung Mekka weisende Gebetsnische, ist reich dekoriert.

In den oberen Stockwerken befinden sich die kleinen, um den Innenhof gruppierten Zellen der Koranschüler. Vom Dach der Schule kann man einen Blick in den Innenhof der benachbarten Kairaouine-Moschee werfen.

Von der Medersa führt die Straße *Souk el-Attarine* nach Westen, und nach etwa 100 m biegen kleine Gassen links zum Zentrum der Souks, der **Kissaria** 12, wo besonders kostbare Waren angeboten werden. Nach alter Tradition wird dieses Marktviertel noch immer jeden Abend verschlossen. Nach zwei verheerenden Bränden in den Jahren 1917 und 1954 wurde die Kissaria jeweils wieder aufgebaut, zuletzt im modernen Betonstil mit flachen Dächern. Das Viertel besteht nun, ganz untypisch für arabische Souks, aus rechtwinklig sich schneidenden Straßenzügen.

TOP TIPP

Der schönste Blick auf die beiden bedeutendsten Sakralbauten von Fes – Kairaouine und Zaouia Moulay Idriss' II.

Verlässt man die Kissaria durch das südwestliche Tor, stößt man auf die **Zaouia Moulay Idriss' II.** 13. Um das 1437 wieder entdeckte Grab des Stadtgründers ließen die Meriniden ein großzügiges Mausoleum bauen, das in den folgenden Jahrhunderten mehrfach restauriert wurde. Die noch heute viel besuchte Pilgerstätte entwickelte sich zum bedeutendsten marokkanischen **Wallfahrtsort** nach dem *Grabmal Idriss' I.* in *Moulay Idriss*. In den umliegenden Gassen werden Kerzen verkauft, die die Gläubigen am Grab des Heiligen, der 829 einen gewaltsamen Tod fand, entzünden. Andersgläubigen bleibt der Zutritt zur Zaouia ver-

Baraka – durch den Schlitz an der Rückwand des Mausoleums verteilt Moulay Idriss II. seine Segenskraft

Das Tor in eine andere Welt – hinter dem Bab Boujeloud öffnet sich Fes el-Bali, der älteste Stadtteil von Fes

wehrt. Bei einer Umrundung der Anlage, die aus dem eigentlichen Mausoleum, einer Moschee und einem Innenhof besteht, kann man aber den einen oder anderen Blick durch die tagsüber offenstehenden, mit feinem Schnitzwerk geschmückten *Zedernholzportale* ins Innere wagen. Das **Mausoleum** und der **Innenhof** sind mit feinem *maurischem Dekor* ausgestattet, mit farbigen Kacheln, in Gips geschnittenen Schmuckbändern, Koraninschriften und Decken aus geschnitztem Zedernholz. Häufig sind Männer bei rituellen Handlungen vor dem Grabmal zu beobachten. An der rückseitigen Außenwand der Zaouia befindet sich eine sternförmige Kupferplatte mit einer Öffnung. Die vorüberziehenden Pilger können so für die fromme Institution spenden und etwas von der *Baraka* (Segenskraft) des Heiligen gewinnen. Vor einigen Jahren wurde das benachbarte kleine Gitter mit einer Glasscheibe geschützt, weil zahlreiche Frauen in dem Glauben, dadurch überreichen Kindersegen verhindern zu können, Vorhängeschlösser angebracht hatten.

◁ *Impressionen der Medina:*
Oben: *Geschäftige Place Seffarine*
Mitte: *Handwerker bei der Arbeit, Trockenfrüchte ohne Ende*
Unten: *Palais Jamaï mit folkloristischer Unterhaltung*

Alljährlich Ende August/Anfang September veranstalten die Handwerksgilden zu Ehren Moulay Idriss' II. einen großen **Moussem**. Höhepunkt der einwöchigen Feierlichkeiten ist eine Prozession durch die Medina, außerdem finden auf der Place Nejjarine große Musik- und Tanzveranstaltungen statt.

Auf dem Weg zur *Place Nejjarine* stößt man auf eine kleine Gasse, die durch eine Holzbarriere abgetrennt ist. Dieser Balken markiert den Beginn des **heiligen Bezirks** (*Horm*) rund um die Zaouia.

Durch den Souk der Tischler erreicht man die nahe **Place Nejjarine** ⑭, die zu den schönsten Plätzen der Altstadt zählt. Ein um 1700 errichteter öffentlicher Brunnen besitzt eine außerordentliche Pracht. Seine Dekoration aus Zellij und Holz macht ihn zu einem beliebten Fotomotiv. Noch heute holen sich die Familien des Viertels hier täglich ihr Wasser. Direkt daneben erhebt sich der aus dem 18. Jh. stammende **Fondouk Nejjarine** (tgl. 10–17 Uhr), der schön restauriert wurde und nun das sehenswerte *Holzmuseum* beherbergt. Zu besichtigen sind Werkzeuge sowie Produkte des Schreiner- und Tischlerhandwerks, u.a. Möbel, Musikinstrumente und rituelle Gegenstände.

Über die Rue ech-Cherablyine und die Rue Talaa Kebira gelangt man in den westlichen Teil der Medina und zur 1342 erbauten merinidischen **Mosquée ech-Cherablyine** ⑮. Das Minarett der Freitagsmoschee stammt aus dem 19. Jh. In der Straße sind etliche Fondouks erhalten, ehem. Herbergen, die heute von Handwerkern und Händlern als Werkstätten und Lager genutzt werden.

Die Talaa Kebira steigt nach Westen hin an. Nach etwa 500 m folgt auf der linken Seite ein weiteres Zeugnis maurischer Baukunst, die zwischen 1355 und 1357 entstandene **Medersa Bou Inania** 16 (tgl. 8.30–12 und 14.30–18.30 Uhr). Die jüngste der merinidischen Koranschulen von Fes, eine Gründung von Sultan Abou Inan (1348–58), sollte an Größe und Pracht die etwas ältere *Attarine-Medersa* noch übertreffen. Die Dekoration des Innenhofs, die weitgehend jener der Attarine-Medersa entspricht, wurde in den 1990er-Jahren grundlegend restauriert. Auf der östlichen und westlichen Seite öffnen sich Iwane, überwölbte Hallen, in denen der Unterricht abgehalten wurde. Die Bou Inania ist die älteste Koranschule des Iwan-Typs in Marokko. Der Gebetsraum der Medersa wird heute noch als Moschee genutzt, daher dürfen Nichtmuslime hier nur den Hof besichtigen. Im Obergeschoss befinden sich die winzigen Studentenzimmer.

Gegenüber der Medersa steht das ebenfalls im 14. Jh. errichtete **Haus des Glockenspiels**, das bisher leider nicht restauriert wurde. Die Funktionsweise des von Wasser betriebenen Glockenspiels geriet in Vergessenheit.

Von der Rue Talaa Kebira gelangt man über eine Gasse links in die Rue Talaa Seghira und zum **Hammam Mernissi**, einem der 35 öffentlichen Bäder von Fes el-Bali. Hier gehen die Männer vormittags, die Frauen nachmittags und abends der Körperpflege nach. Rechts neben dem Bad lädt ein Café zur Rast ein. Am südlichen Ende des Platzes erhebt sich das 1913 errichtete, älteren Stadttoren nachempfundene **Bab Boujeloud** 17. Der Blick von der *Place Boujeloud* durch den Torbogen zu den Minaretten der Bou Inania und der Moschee Sidi el-Lazzaz zählt zu den beliebtesten Fotomotiven in Fes.

Vom Handeln und Feilschen auf marokkanischen Märkten

Feilschen um den Preis einer Ware gehört in der arabischen Welt vielfach auch heute noch zum guten Ton. Während es in größeren Warenhäusern der neueren Stadtviertel inzwischen häufig Festpreise gibt, muss man in den Medinas für ein gutes Geschäft Zeit und auch Geduld mitbringen – natürlich nicht bei jedem Gemüsekauf, schon aber bei größeren Anschaffungen. Gut ist ein Geschäft allerdings nur, wenn beim Abschluss Käufer und Verkäufer zufrieden sind. Um ein Gefühl für die Preise zu entwickeln, sollten Touristen nicht gleich am ersten Tag der Reise größere Einkäufe tätigen, sondern zunächst einen Warenvergleich wagen.

Nach einem harmlosen Gespräch über das Wetter und andere ›wichtige‹ Dinge kommt der Händler meist schnell zur Sache. Und wenn man nun die Regeln des Handelns und Feilschens beachtet, kann gar nichts schief gehen: Will man sich nur über das Warenangebot informieren, sollte man keinesfalls Preisvorstellungen äußern, auch wenn der Händler bereits eine Vorgabe gemacht hat. Hat man sich erst einmal zu einem Preisangebot hinreißen lassen, gibt es kein Zurück mehr, das Geschäft muss zum Abschluss kommen. Dann wird so lange diskutiert und Tee getrunken, bis man sich irgendwo in der Mitte getroffen hat.

Wo diese Mitte liegt, kann man vorher nicht genau sagen, die Gewinnspanne für den Händler ist mal größer, mal kleiner. **Elias Canetti** hat diese Prozedur in seinem Reisebericht **›Die Stimmen von Marrakesch‹** treffend beschrieben: »In den Souks ist der Preis, der zuerst genannt wird, ein unbegreifliches Rätsel. Niemand weiß ihn vorher, auch der Kaufmann nicht, denn es gibt auf alle Fälle viele Preise. Jeder von ihnen bezieht sich auf eine andere Situation, einen anderen Käufer, eine andere Tageszeit, einen anderen Tag der Woche. Es gibt Preise für einzelne Gegenstände und solche für zwei oder mehrere zusammen. Es gibt Preise für Fremde, die nur einen Tag in der Stadt sind, und solche für Fremde, die hier schon drei Wochen leben. Es gibt Preise für Arme und Preise für Reiche, wobei die für die Armen natürlich die höchsten sind. Man möchte meinen, dass es mehr verschiedene Arten von Preisen gibt als verschiedene Menschen auf der Welt.«

Obwohl die Türen des Königspalastes dem Touristen verschlossen bleiben, gibt schon die imposante Fassade einen Eindruck von Pracht und Monumentalität der Anlage

Südöstlich des Hammam Mernissi, an der Place de l'Istiqlal, befindet sich das in einem alten Palast aus dem 19. Jh. eingerichtete **Musée Dar Batha** 18 (Mi–Mo 8.30–16.30 Uhr). Das Museum besitzt eine der umfangreichsten Sammlungen marokkanischen Kunsthandwerks. Ausgestellt sind Teppiche, Holzschnitzereien, Silberschmuck, Messing- und Kupferarbeiten, Trachten, Stickereien und Keramik. Im ersten Raum nach dem Eingang werden archäologische Exponate der Region gezeigt.

Fes Djedid

Das ›Neue Fes‹ wurde als Residenzviertel unter den Meriniden-Sultanen angelegt und erstreckt sich südöstlich von Fes el-Bali. Ein Rundgang durch diesen Stadtteil beginnt an der *Place des Alaouites*, wo sich das neue Tor des seit der merinidischen Zeit auf beachtliche Größe angewachsenen **Palais Royal** 19 (*Dar el-Makhzen*) befindet. Das prächtige Tor wurde 1971 in traditioneller Bauweise gefertigt. Sieben goldene, mit Messing beschlagene Türen sind in einen Rahmen aus Zellij und Stuck gefasst, schräge Dächer aus grünen Ziegeln schützen gegen Regen. Der Palast und die Gärten sind vom Platz aus nicht einsehbar. Wer eine Vorstellung von den gewaltigen Ausmaßen der Anlage gewinnen will, kann von hier aus einen Spaziergang zum Borj Nord unternehmen.

Östlich der Place des Alaouites öffnet sich die **Mellah** 20, das jüdische Viertel. Auf dem Areal des *Cimetière Hébraïque* (Jüdischer Friedhof; tgl. 7–19 Uhr) ist ein kleines jüdisches Museum (Fondation El-Habbanim) untergebracht, das in Begleitung eines Wächters besichtigt werden kann. Biegt man am Eingang zur Mellah rechts in die Grande Rue des Mérinides ein, gelangt man geradewegs ins Zentrum. Die Architektur der Häuser wirkt sehr modern und unarabisch, viele wurden nach einem Brand 1912 nach westlichem Muster neu errichtet, wobei der Jugendstil sehr stark vertreten ist. In dieser Straße liegt auch der berühmte Gold-Souk, hier kaufen Fassis aus allen Teilen der Stadt ihren Schmuck ein. Am Ende der Straße steht an einem kleinen Platz links das **Bab Semmarine** 21, ein altes, Anfang des 20. Jh. restauriertes Tor der Meriniden-Stadt. Die hier beginnende Grande Rue de Fes Djedid ist aufgrund der angrenzenden Souks sehr belebt. Auf einem kurzen Spaziergang gelangt man vom Stadttor zur südöstlichen Mauer des Königspalastes. Nach etwa 50 m erhebt sich die 1357 errichtete **Mosquée Lalla Zhar** 22 mit Innenhof, Brunnen und Medersa. Eingang und Brunnen befinden sich 2 m unter dem Niveau der Straße. Das reich verzierte Portal soll der Überlieferung nach aus Andalusien stammen. Zurück in der Grande Rue de Fes Djedid kann man zwei weitere, im 14. Jh. entstandene Moscheen von außen besichtigen, die **Djamia el-Hamra** 23 (Rote Moschee) und die **Djamia el-Beida** 24 (Weiße Moschee). Am Ende der Straße liegt das **Bab Dekaken** 25, seit dem Ende des 19. Jh. offizieller Eingang des Palastes.

Nördlich davon befindet sich das restaurierte merinidische Tor **Bab es-Seba** 26, in früheren Jahrhunderten Ort öffentlicher Hinrichtungen. Unmittelbar dahinter wurde im Mai 1997 der *Vieux Mechouar*, der alte Empfangshof, als Austragungsort des jährlich in diesem Monat stattfindenden Festivals sakraler Musik eingeweiht. Ein kleines Tor an der Westseite zwischen dem Bab Dekaken und dem Bab es-Seba führt zum Viertel Moulay Abdallah.

Nur ein paar Schritte weiter erreicht man die **Grande Mosquée** 27 aus dem Jahre 1278. Aus dem 18. Jh. stammt ein weiteres wichtiges Bauwerk von Fes Djedid, die **Mosquée et Mausolée Moulay Abdallah** 28. Als Erholung nach diesem Rundgang bietet sich ein Spaziergang durch den *Jardin Boujeloud* an, der Fes Djedid mit Fes el-Bali verbindet.

Ville Nouvelle

Das in der Zeit des französischen Protektorats entstandene Viertel bietet keine historischen Sehenswürdigkeiten. Zwischen der Avenue Hassan II. und dem Boulevard Mohammed V. präsentiert sich Fes von seiner modernen Seite, hier liegen die großen Hotels und Restaurants sowie die neueren Geschäftsviertel. In der Nachbarschaft des Hotels FRAM-Volubilis [s. u.] befindet sich ein interessantes Kunsthandwerkszentrum, das **Centre Artisanal** 29. Hier kann man die Handwerker bei der Arbeit beobachten und ihre Produkte erwerben. Die richtige Adresse für alle, die nicht gerne feilschen.

i Praktische Hinweise

Information

Office National Marocain du Tourisme, Place de la Résistance, Fes, Tel. 035 62 34 60.– **Syndicat d'Initative**, Place Mohammed V., Fes

Flughafen

Aéroport Fes-Saiss (FEZ), 15 km außerhalb von Fes, nur per Taxi zu erreichen, Tel. 035 62 48 00. – Royal Air Maroc, 54 Av. Hassan II., Fes, Tel. 035 62 47 12

Öffentliche Verkehrsmittel

Bahnhof: am Ende des Bd. Chenguit, im Norden der Ville Nouvelle, Fes, Info-Tel. 090 20 30 40

Busbahnhof: CTM/LN, Av. Mohammed V., Fes, Info-Tel. 022 43 82 82

Hotels

*****__Jnan Palace__, Av. Ahmed Chaouki, Fes, Tel. 035 65 22 30, Fax 035 62 35 16, www.sogatour.ma/jnanpalace.html. Großzügige, palastähnliche Anlage in ruhiger Umgebung. Für einen längeren Aufenthalt zu empfehlen.

*****__Les Mérinides__, Borj Nord, Fes, Tel. 035 64 62 18, Fax 035 64 52 25, www.lesmerinides.com. Prächtige Lage oberhalb der Medina in der Nachbarschaft zu Borj Nord. Schöne Aussicht auf den Stadtteil Fes el-Bali.

TOP TIPP *****__Sofitel Palais Jamaï__, Medina, Bab Guissa, Fes, Tel. 035 63 43 31, Fax 035 63 50 96, www.sofitel.com. Traditionsreiches, in einem ehem. Palast untergebrachtes Haus mit Kongresscenter. Ideal auch als Ausgangspunkt für die Besichtigung der Medina. Traditionelles Restaurant.

****__FRAM-Volubilis__, Av. Allal Ben Abdallah, Fes, Tel. 035 62 11 26, Fax 035 62 11 25. Schöne Anlage mit stilvoll eingerichteten Zimmern, Innengarten und Pool.

***__Batha__, Place Batha (neben dem Musée Batha), Medina, Fes, Tel. 035 74 10 77, Fax 035 74 10 78. Beste Lage für die Erkundung der Medina.

***__Ibis-Moussafir__, Av. des Almohades (Place de la Gare), Fes, Tel. 035 65 19 02, Fax 035 65 19 09, www.ibishotel.com. Modernes, am Bahnhof gelegenes Hotel. Etwas laut.

***__Splendid__, 9 Rue Abd el-Krim el-Khattabi, Fes, Tel. 035 62 21 48, Fax 035 65 48 92. Angenehmes Hotel mit Swimmingpool und gutem Restaurant.

Restaurants

Dar Jamaï, 14 Funduq Lihoudi Zenjfour, Tel. 035 63 56 85, Fes. Serviert werden Fes-Spezialitäten in schönem Ambiente.

Dar Ziriab, Rue Lall Nazha (hinter dem Sheraton Hotel), Fes, Tel. 035 62 15 61. Feinste Küche in einer traditionell eingerichteten, modernen Villa in der Neustadt. Zudem laden einige Gästezimmer und Suiten zu einem verlängerten Aufenthalt in Fes ein.

TOP TIPP **La Maison Bleue**, Place de l'Istiqlal, Batha, Fes, Tel. 035 63 60 52, www.maisonbleue.com. In einem prunkvollen Palast mitten in der Medina werden die Köstlichkeiten der marokkanischen Küche serviert. In zauberhaften Suiten lässt es sich auch gut wohnen.

17 Ifrane

Nordeuropäisch anmutendes Bergstädtchen im Mittleren Atlas.

1929 als französischer Ferienort gegründet, erstaunt die auf 1650 m Höhe gelegene Kleinstadt (12 000 Einw.) durch ihre *europäisch anmutende Architektur*: Satteldächer aus rötlichen Ziegeln über soliden Steinhäusern. Die im Winter schneereiche Landschaft wirkt auf die meisten Marokkaner ›exotisch‹. An den Wochenenden ist Ifrane Ziel zahlreicher Ausflügler aus dem nahen Fes. Auch der König ist hier hin und wieder anzutreffen, sein *Palast* erinnert allerdings mehr an ein französisches Loire-Schloss als an marokkanische Architektur. Am Hauptplatz befinden sich Cafés, Konditoreien und kleine Läden, die auch gerne von den Studenten der elitären, 1995 gegründeten **Ak-Akhawayn Universität** frequentiert werden.

Ausflug

Von Ifrane aus kann man einen schönen Abstecher durch den *Zedernwald* zur Skistation **Mischliffen** unternehmen (R 707 Richtung Boulemane, nach 8 km Abzweigung nach rechts). In den Wäldern rund um Mischliffen leben wilde Berberaffen (*Macaca sylvanus*), die sich nur selten zeigen. Die größte Zeder Marokkos mit Namen **Cèdre Gouraud** wächst zwischen Ifrane und Azrou (über die N 8 zu erreichen). Der mächtige, verästelte Baum hat eine Höhe von 50 m. In den Wintermonaten ist die Straße häufig verschneit.

TOP TIPP

i Praktische Hinweise

Information

Office National Marocain du Tourisme, Bd. Mohammed V., Ifrane, Tel. 035 56 68 21, Fax 035 56 68 22

Hotels

*******Michlifen**, Ifrane, Tel. 035 56 66 08, Fax 035 56 66 23. Das 2007 wieder eröffnete Hotel ist das Beste am Platz. Wenn allerdings die königliche Familie in Ifrane weilt, wird die Unterkunft von Offizieren und anderen Hofbeamten in Beschlag genommen.

****Perce Neige**, Rue des Asphodelles, Ifrane, Tel. 035 56 62 10, Fax 035 56 77 46. Angenehmes Hotel mit zwar kleinen, aber schönen Zimmern.

Winterfreuden im Mittleren Atlas – Mischliffen bei Ifrane ist eines der großen marokkanischen Skizentren

18 Azrou

Azrou, ›der Felsen‹, ragt zwischen den Häusern empor und gab der Ortschaft ihren Namen.

Auf 1250 m Höhe im Mittleren Atlas gelegen, entwickelte sich Azrou (50 000 Einw.) in den letzten Jahrzehnten zu einem beliebten Ferien- und Kurort. Von einer 1684 errichteten Kasbah stehen nur noch Ruinen. Im *Centre Artisanal* wird Kunsthandwerk aus der Region angeboten, u. a. Teppiche und Holzschnitzereien. Einige Straßencafés bieten sich für eine Pause an.

i Praktische Hinweise

Hotels

******Amros**, Route de Meknes-Azrou (7 km nördlich von Azrou), Azrou, Tel. 035 56 36 63, Fax 035 56 36 80. Modernes, in schöner Landschaft gelegenes Hotel.

*****Panorama**, Azrou, Tel. 035 56 20 10, Fax 035 56 18 04. Chalet-Hotel mit schönen, geräumigen Zimmern und gutem Restaurant.

***Des Cèdres**, Place Mohammed V., Azrou, Tel./Fax 035 56 23 26. Kleines sympathisches Hotel mit guter Küche (Fisch-Spezialitäten).

Der Südosten – im Land der tiefen Schluchten, grünen Oasen und mächtigen Kasbahs

Das südliche Marokko zwischen **Erfoud** und **Ouarzazate** ist geprägt von den Ausläufern des *Hohen Atlas*. Zerklüftete Schluchten und blühende Oasen bilden faszinierende farbliche Kontraste. Ergänzt wird diese Komposition von der rotbraunen Lehmarchitektur der Berber. In den Oasentälern der Wadis *Ziz*, *Dades* und *Dra* liegen die aus Stampflehm errichteten **Wehrdörfer** und **Kasbahs**, die seit Jahrzehnten Marokko-Reisende begeistern. Doch Lehm ist extrem witterungsanfällig, nach jedem starken Regenfall sind Ausbesserungsarbeiten von Nöten. Ein großer Teil des südlichen Marokko wurde im 19. und 20. Jh. von der *Glaoua-Familie* beherrscht. Ihr Hauptsitz war die **Kasbah von Telouet**, die heute dem Verfall preisgegeben ist. Das bekannte Dorf **Aït Ben Haddou** dagegen wurde von der UNESCO auf die Liste des Weltkulturerbes gesetzt und restauriert. Über die alten Karawanenstraßen nähert man sich allmählich der *Sahara*. Bei Merzouga schließlich kann man die größten und höchsten **Sanddünen** Marokkos besichtigen, die sich bis zu 100 m auftürmen und zu unvergesslichen **Wüstenwanderungen** einladen.

19 Midelt

Die malerisch auf 1500 m Höhe am Djebel Ayachi gelegene Kleinstadt bietet sich für Ausflüge in die umliegende Bergwelt an.

Das kleine Bergwerksstädtchen, zwischen Ausläufern des *Mittleren* und *Hohen Atlas* gelegen, entstand zu Beginn des 20. Jh. als Garnisonsort der Franzosen. Heute hat Midelt etwa 35 000 Einwohner und ist Handelszentrum der Region; sonntags findet hier ein kleiner, aber durchaus sehenswerter Markt statt. Aus den umliegenden alten Bergwerken, z. B. entlang des Flusses Moulaya, stammen die Mineralien, die den Touristen angeboten werden. Der Verkauf von Steinen hat sich inzwischen zu einer wichtigen Nebeneinnahmequelle im Atlas entwickelt. Der Ort selbst bietet keine touristischen Sehenswürdigkeiten, doch können in der Region abwechslungsreiche Wanderungen und Bergtouren unternommen werden (Djebel Ayachi, Cirque de Jaffar).

◁ Besonders im Frühling, wenn die Bäume blühen, sind die Kasbahs von Aït Arbi am Eingang zur Dades-Schlucht eine Reise wert

i Praktische Hinweise

Hotel

*****Ayachi**, Rue d'Agadir, Midelt, Tel. 035 58 21 61, Fax 035 58 33 07. Gutes, nicht mehr ganz neues Hotel mit ausgezeichnetem Restaurant in bester Lage im Stadtzentrum.

*****Kasbah Asmaa**, 3 km in Richtung Er-Rachidia, Midelt, Tel. 035 58 04 05, Fax 035 58 39 45, www.kasbah-asmaa-midelt.com. Ruhiges modernes Haus im Kasbah-Stil. Gutes Restaurant.

20 Er-Rachidia

Das Tor zum Tafilalet liegt inmitten einer fruchtbaren Oase am Oued Ziz auf dem Weg in die Wüste.

Landschaftlich reizvoll ist die Fahrt von Midelt ins Tafilalet. Ab dem kleinen Städt-

Die Dattelpalme – Lebensgrundlage der Oasenbewohner

Ursprünglich in Persien und Arabien beheimatet, gelangte die **Dattelpalme** (Phoenix dactylifera) über Ägypten in den Maghreb. In den Oasen des südlichen Marokko, so auch im **Tafilalet**, findet man ausgedehnte Palmenhaine. Die Pflanze erreicht eine Höhe von 15 bis 20 m und kann 200 Jahre alt werden. Etwa ab dem achten Jahr trägt die weibliche Palme Früchte. Die **höchsten Erträge** lassen sich im Alter zwischen 30 und 100 Jahren erwirtschaften, die Palme produziert dann bis zu zwei Zentner Datteln jährlich. Auf etwa zwanzig weibliche kommt ein männlicher Baum. Die Bestäubung wird künstlich vorgenommen: Teile der männlichen Blütenstände werden den weiblichen aufgesteckt. So können bis zu 200 weibliche Bäume von einem einzigen männlichen Baum befruchtet werden.

Prophet Mohammed pflegte im Ramadan das Fasten nach Sonnenuntergang mit Datteln und Milch zu brechen. Noch heute zählt die Frucht der Dattelpalme aufgrund ihres hohen Zucker- und Eiweißgehalts im arabischen Raum zu den wichtigsten Nahrungsmitteln. Alljährlich im Oktober wird in Erfoud das große Dattelfest veranstaltet. Im Mittelpunkt der Feierlichkeiten steht die Wahl der Dattelkönigin.

chen Rich folgt die N 13 dem Verlauf des *Oued Ziz*, der an seinen Ufern eine fruchtbare Landschaft entstehen ließ. Immer wieder fasziniert der Anblick von grünen Oasen und kleinen Lehmdörfern. Etwa 40 km vor Er-Rachidia verengt sich das Tal zur steilwandigen **Gorge du Ziz**. Tief unten schlängelt sich der Fluss durch die graubraunen Felsen. Nach dem Verlassen der Schlucht wird der Oued Ziz zum See Barrage Hassan Addakhil aufgestaut.

TOP TIPP

Er-Rachidia liegt auf 1060 m Höhe in einer fruchtbaren Oase des Oued Ziz und gilt als das Tor zum **Tafilalet**, der großen Oase. Von jeher war der Ort ein wichtiger Verkehrsknotenpunkt zwischen Mittlerem und Hohem Atlas. Die moderne Ansiedlung, in den letzten Jahren auf etwa 77 000 Einwohner angewachsen, hat sich aus dem Stützpunkt einer französischen Garnison entwickelt. Der ehem. Name *Ksar es-Souk* deutet darauf hin, dass Er-Rachidia bereits in früheren Zeiten ein wichtiger und daher mit einer Festung bewachter Marktort war. Sonntags, dienstags und donnerstags reisen noch heute die Händler aus der gesamten Region an, um ihre Waren auf dem Souk zu verkaufen.

Besondere Sehenswürdigkeiten hat der Ort nicht vorzuweisen, doch kann man schöne Spaziergänge durch die fruchtbare Oasenlandschaft zu fünf älteren Ksour (kleine, in traditioneller Lehmbauweise errichtete Dörfer, s. S. 85) unternehmen. Als Ausgangspunkt für Ausflüge in die Sahara bietet Er-Rachidia reichlich Hotels und Restaurants.

i Praktische Hinweise

Öffentliche Verkehrsmittel

Busbahnhof: Rue M'Daghra, Er-Rachidia, CTM Info-Tel. 022 43 82 82

Hotels

********Kenzi Rissani****, Av. Moulay Ali Cherif, Er-Rachidia, Tel. 035 57 25 84, Fax 035 57 25 85, www.kenzi-hotels.com. Das Haus ist von einem schönen Garten umgeben. In dem guten Restaurant kann man vorzüglich speisen.

****Oasis**, 4 Rue Abou Abdallah, Er-Rachidia, Tel. 035 57 25 19, Fax 035 57 01 26. Sauberes, in einem Garten gelegenes Hotel. Der Ruf des Muezzin aus der benachbarten Moschee hilft beim zeitigen Aufstehen.

21 Erfoud und Erg Chebbi

Vom Zentrum des Tafilalet aus kann man einen Abstecher in die Wüste zu den höchsten Sanddünen Marokkos wagen.

Erfoud, 1917 als französischer Militärstützpunkt gegründet, liegt auf etwa 800 m Höhe am gleichnamigen Berg. Der kleine Marktort ist Zentrum des **Tafilalet**, der *größten Taloase* des Landes. Seine etwa 19 000 Einwohner leben von der Landwirtschaft. Erfoud ist umgeben von Tausenden von Dattelpalmen und etlichen Ksour. Von hier aus kann man schöne Ausflüge in die Oase machen, aber auch in die Wüste zum Erg Chebbi. Ein ansprechendes Hotelangebot ermöglicht einen erholsamen Aufenthalt. Größte Attraktion der Stadt ist das jährlich an einem der letzten Oktoberwochenenden stattfindende Dattelfest.

TOP TIPP Erg Chebbi

53 km südöstlich von Erfoud erstrecken sich bei der kleinen Oase Merzouga die größten und **höchsten Sanddünen** Marokkos. Zweimal am Tag, kurz vor Sonnenaufgang und Sonnenuntergang, machen sich Karawanen von Touristen in Geländewagen und auf Kamelrücken auf den Weg in die **Sahara**, um die scheinbar endlose Wüste zu erleben. Nur das erste Teilstück der Strecke nach *Merzouga* ist geteert. Das weitaus größere Stück muss auf einer Piste zurückgelegt werden, die für normale Pkws nicht geeignet ist und die im Mai 2006 zusätzlich durch schwere Regenfälle und die damit einhergehende Überschwemmung beschädigt wurde.

Am Rand von Erg Chebbi hat man sich inzwischen auf den täglichen Touristenansturm eingestellt, es gibt Restaurants und mehrere Hotels entlang der Dünen. Wer etwas Zeit mitbringt, sollte übernachten, denn es ist ein Erlebnis, die Dünen, die teilweise eine Höhe von bis zu 100 m erreichen, bei *unterschiedlichem Tageslicht* zu betrachten. Der Kontrast zwischen der dunklen Farbe der Steinwüste und dem Ockerrosa der Sandhügel ist am späten Nachmittag besonders faszinierend. Einsamkeit kann man hier allerdings kaum genießen, denn selbst bei längeren Wanderungen wird man meist von Jungen aus Merzouga begleitet, die die Touristen führen wollen. Nach Osten reicht der Blick bis nach Algerien.

Jedes Jahr wird in Erfoud das traditionelle Dattelfest mit Musik und Tanz gefeiert

i Praktische Hinweise

Hotels

Auberge Kasbah Derkaoua, 23 km von Erfoud in Richtung Erg Chebbi, Tel./Fax 035 57 71 40, www.aubergederkaoua.com. Kleines, mitten in der Wüste gelegenes Hotel mit zehn Zimmern und zwei Bungalows. Ideale Unterkunft für alle, die die Sanddünen in den frühen Morgenstunden erleben möchten (Jan., Juni/Juli geschl.).

Auberge L'étoile des dunes Erg Chebbi Ksar Merzouga, Tel. 061 98 81 38, www.etoiledesdunes.com. Einfaches, aber gepflegtes Haus direkt an den Sanddünen. Wüstenausflüge werden organisiert.

Kasbah Xaluca Maadid, 5 km nördlich an der Straße nach Er-Rachidia, Erfoud, Tel. 035 57 84 50, Fax 035 57 84 49, www.xalucamaadid.com. Freundliches traditionelles Haus mit sehr gutem Restaurant.

Restaurants

Des Dunes, Av. Moulay Ismail, Erfoud, Tel. 035 57 67 93. Preiswertes Restaurant mit ausgezeichneter Küche. Spezialität des Hauses ist Kalia, ein würziger Eintopf aus Fleisch, Gemüse und Eiern.

Merzouga, 112 Av. Mohammed V., Erfoud. Gutes, einfaches Lokal mit ausgezeichnetem Preis-Leistungs-Verhältnis.

Unendliche Wüste – bei Erfoud türmen sich die höchsten Sanddünen Marokkos auf

22 Rissani und Sijilmassa

Ein großer lebhafter Markt und eine vom Wüstensand bedeckte alte Handelsstadt.

Rissani ist als ›*Wiege der Alaouiten*‹ für die marokkanische Geschichte von großer Bedeutung. Von hier aus eroberte die noch heute herrschende Dynastie im 17. Jh. das ganze Land. Heute ist **Rissani** (10 000 Einw.) nach Erfoud die größte Stadt des Tafilalet und zugleich wichtiger Marktort. Auf dem dienstags, donnerstags und sonntags stattfindenden Souk werden die Produkte der Region angeboten. 1 km südöstlich der Stadt befindet sich die **Zaouia Moulay Ali Cherifs**. Das in den 1960er-Jahren im neomaurischen Stil errichtete Mausoleum des Begründers der Alaouiten-Dynastie bleibt Nichtmuslimen allerdings verschlossen.

Etwa 2 km südlich von Rissani erhebt sich der um 1900 errichtete und noch heute bewohnte Ksar **Oulad Abd el-Halim**. Er diente in früheren Zeiten einem Statthalter aus der Alaouiten-Familie als Residenz. Die Befestigungsmauern und die Kasbah (Tore und Wanddekoration) sind noch recht gut erhalten.

Sijilmassa

2 km nördlich von Rissani ragen die Ruinen der **sagenumwobenen Handelsstadt** Sijilmassa aus dem Wüstensand. Die frühere Hauptstadt des Tafilalet kontrollierte den Handel zwischen *Timbuktu* und dem *Mittelmeer* und kam so zu unendlichem Reichtum. Produkte aus dem Mittelmeerraum wurden auf dem Markt gegen Sklaven, Gold, Elfenbein und Straußenfedern getauscht. Während der Blütezeit zwischen dem 11. und dem 15. Jh. sollen 100 000 Menschen in Sijilmassa gelebt haben. Heute erinnern nur noch wenige Mauerreste an die große Karawanenstation. Im 17. Jh. verlor Sijilmassa an Bedeutung, wurde wahrscheinlich geplündert und vom Wüstensand verweht. Unweit der Ruinen entstand Rissani.

Praktische Hinweise

Hotel

*****Kasbah Asmaa**, 6 km nördlich von Rissani, an der Abzweigung der N 12 nach Zagora, Tel. 035 77 40 83, Fax 035 57 54 94. Hotel mit Swimmingpool. Die Zimmer sind einfach ausgestattet und preiswert. Auf Wunsch werden Ausflüge in die Wüste organisiert.

23 Tineghir und Todgha-Schlucht

Großer Marktort inmitten einer scheinbar endlosen Taloase. Ausgangspunkt für Ausflüge zur Todgha-Schlucht.

Der bedeutende Marktort Tineghir (36 000 Einw.) liegt auf 1342 m Höhe inmitten einer vom *Oued Todgha* bewässerten grünen Oase. Erhöht auf einem Plateau stehen die Ruinen einer Anfang des 20. Jh. entstandenen Glaoua-Kasbah. Der Souk am Montag zieht zahlreiche Besucher aus nah und fern an, inzwischen auch nicht wenige Touristen. Tineghir ist Ausgangspunkt für Ausflüge in die landschaftlich reizvolle Todgha-Schlucht.

Mit einem Pkw kann man von Tineghir aus gut 15 km in die **Gorge du Todgha** hineinfahren. Am Ende der geteerten Straße gibt es zwei einfache Hotels, Hotel Yasmina (Tel. 024 89 51 18) und Hotel des Roches (Tel. 024 89 51 34), beide mit Restaurant. Von hier aus bieten sich interessante Wanderungen durch die Schlucht an, die an der engsten Stelle nur 10 m breit ist und von 300 m steil aufragenden Felswänden begrenzt wird. Die Wände der Schlucht haben sich in den letzten Jahren zu einer beliebten Herausforderung für Bergsteiger und Freeclimber entwickelt.

Von den beiden Hotels aus kann man die Fahrt mit einem Jeep durch die Schlucht fortsetzen. Die Piste führt nach etlichen Kilometern in die *Dades-Schlucht*, ist bei Hochwasser und nach starken Regenfällen im Atlas allerdings nicht befahrbar.

Die schönen Lehmburgen – hier Aït Arbi – sind extrem witterungsanfällig

Lehmarchitektur im südlichen Marokko

Im Süden des Landes wurde bis vor kurzem fast ausschließlich mit dem Material gebaut, das die Natur im Überfluss liefert: Lehm. Mit den **Ksour** und **Kasbahs** entstanden Bauformen, die perfekt an die klimatischen Bedingungen angepasst waren und sich zudem harmonisch in die Landschaft einfügten.

Stampflehm wird aus Lehm, Kies und Stroh hergestellt. Man gießt das feuchte, weiche Gemisch in eine Holzverschalung mit Verbindungsstäben und stampft es anschließend. Wenn die Masse getrocknet ist, wird der nächste Baustein daneben oder darüber geformt. So können Mauern relativ schnell hochgezogen werden. Nach dem Abbau der Verschalung bleiben die Löcher der Verbindungsstäbe zurück. Diese werden manchmal verputzt, oft bleiben sie aber sichtbar. Lehmarchitektur ist preiswert und praktisch, die dicken Mauern isolieren sehr gut und schützen hervorragend vor Hitze und Kälte. Allerdings gefährdet starker Regen die **Bausubstanz**, deshalb müssen immer wieder Ausbesserungsarbeiten vorgenommen werden.

Die alte Lehmbauweise wird heute mehr und mehr durch die Verwendung **moderner Baustoffe** verdrängt: Aus Beton, der weniger witterungsanfällig ist und zudem als Zeichen des Wohlstandes gilt, entstehen Häuser, die manchmal noch formal an die Tradition anknüpfen und mit Lehm verputzt oder lehmfarben gestrichen werden. Andere, immer häufiger anzutreffende Hausformen verändern das Erscheinungsbild von Städten, Dörfern und Landschaften zunehmend.

i Praktische Hinweise

Hotels

*****Kasbah Lamrani**, Bd. Mohammed V., Tineghir, Tel. 024 83 50 17, Fax 024 83 50 27, www.kasbahlamrani.com. Modernes komfortables Hotel im Kasbah-Stil mit schönen Innenhöfen und gutem Restaurant.

*****Kenzi Saghro**, Ortsmitte, Tineghir, Tel. 024 83 41 81, Fax 024 83 43 52, www.kenzi-hotels.com. Vom stimmungsvollen Hotel an der ehemaligen Glaoui-Kasbah aus schweift der Blick über die bezaubernde Landschaft der Todgha-Taloase.

***Todgha**, 37 Av. Hassan II., Tineghir, Tel. 024 83 42 49, Fax 024 83 45 65. Einfache Ausstattung, aber sauber.

24 Boumalne und Dades-Schlucht

Günstiger Ausgangspunkt für Fahrten entlang des Oued Dades.

Der moderne Ort **Boumalne** (15 000 Einw.) liegt malerisch auf 1586 m Höhe im Tal des *Oued Dades*. Der größte Souk der Region findet mittwochs auf einem von Mauern begrenzten Gelände statt. Der Ort ist von einigen älteren *Kasbahs* umgeben, von denen die meisten jedoch heute nicht mehr bewohnt sind.

Nur wenige Kilometer nördlich von Boumalne beginnt die **Dades-Schlucht**. Die Straße ist gut befahrbar, nach starken Regenfällen jedoch oft beschädigt. Am Eingang der Schlucht liegen die beiden Ksour Aït Youl und Aït Arbi. **Aït Arbi** besteht aus mehreren Kasbahs mit schlanken, reich geschmückten Ecktürmen und einfacheren Lehmbauten.

TOP TIPP

Besucher erwartet hier eine grandiose Gebirgslandschaft. Die Dades-Schlucht ist reich an Farbkontrasten. Der schmale grüne Fruchtstreifen – hier werden hauptsächlich Pappeln, Feigen, Mandeln, Nüsse, Granatäpfel und Gerste angebaut – wirkt etwas unwirklich vor dem roten Hintergrund der Felsen. Und dazwischen liegen immer wieder kleine Ortschaften und Kasbahs (von den Berbern **Tighremt** genannt). Die alte, in herkömmlicher Lehmbauweise errichtete Architektur ist hier meist besser erhalten als außerhalb der Schlucht an der Hauptstraße.

Nach **Aït Oudinar** führt die bis Msemir geteerte Straße durch den engsten und beeindruckendsten Abschnitt der Schlucht, hier ragen die Gebirgswände steil empor. Nach weiteren 30 km, kurz hinter dem Marktort Msemrir, teilt sich die Piste. Eine führt nach **Imilchil**, wo alljährlich im September der bekannte Heiratsmarkt [s. S. 132] stattfindet, die andere zur Todgha-Schlucht [Nr. 23].

i Praktische Hinweise

Hotels

*****Kasbah de Dades**, an der Straße Boulmane–Ouarzazate, Tel. 024 83 00 41, Fax 024 83 13 08, www.kasbahdedades.com. Z. T. klimatisierte Zimmer mit Balkon, gutes marokkanisches Restaurant.

Kasbah Tizzarouine, Straße nach Er-Rachidia (ca. 2 km außerhalb von Boumalne), Boumalne, Tel. 024 83 06 90, Fax 024 83 02 56, www.kasbahtizzarouine.com. Gepflegtes Hotel mit gutem marokkanischem Restaurant. Einige in den Fels geschlagene Zimmer bleiben im Sommer angenehm kühl!

Le Vieux Château du Dades, Aït Oudinar, Tel. 024 83 17 19, Fax 024 83 02 21. Verpflegung und Übernachtungsmöglichkeiten bei Hadj Zahir Youssouf. Das Haus empfiehlt sich durch seine schöne Lage im Tal und seine ausgezeichnete marokkanische Küche, u. a. Tajine, Lammfleisch am Spieß, Berberomelett.

Von der Natur geformt – bizarre Felslandschaft in der Dades-Schlucht

Lehmarchitektur in Vollendung – reich verzierte Kasbah von Amerhidil in Skoura

25 El-Kelaa-Mgouna

Das Zentrum des marokkanischen Rosenanbaus liegt in dem von Kasbahs gesäumten Mgouna-Tal.

Umgeben von zahlreichen, meist zerfallenen Kasbahs, liegt das nach dem *Berberstamm der Mgouna* benannte El-Kelaa auf 1467 m Höhe am Asif Mgoun. Das kleine Marktstädtchen ist Zentrum des marokkanischen Rosenanbaus. Aus den Blüten der Pflanze wird Öl für die Parfümherstellung gewonnen. Weit über die Grenzen der Oase hinaus bekannt ist das alljährlich zwischen Ende April und Mitte Mai am Marktplatz veranstaltete **Rosenfest** (*Moussem des Roses*). Höhepunkt der Festlichkeiten ist die Wahl der Rosenkönigin. Außerdem stehen Musik- und Tanzveranstaltungen sowie ein großer Umzug auf dem Programm.

Fährt man von El-Kelaa-Mgouna ein Stück am Flusslauf des Asif Mgoun entlang, sieht man immer wieder Ksour und Kasbahs. Teilweise sind die alten Lehmbauten noch bewohnt, andere wurden von ihren Eigentümern verlassen und bröckeln nun vor sich hin.

◁ *Märkte und Feste:*
Oben und unten: *Geschäfte und Kontakte auf dem Wochenmarkt von Rissani*
Mitte links: *Musik und Tanz beim Rosenfest in El-Kelaa-Mgouna*
Mitte rechts: *Dattelfest in Erfoud*

Praktische Hinweise

Hotels

******Les Roses du Dades**, El-Kelaa-Mgouna, Tel. 024 83 63 36, Fax 024 83 60 07. Das Hotel in ruhiger Aussichtslage oberhalb des Asif Mgoun wirkt etwas vernachlässigt. Doch lohnt der Blick von Terrasse oder Balkon über die Oase allemal.

Auberge Rosa d'Amaskina, Straße nach Ouarzazate (5 km außerhalb von El-Kelaa-Mgouna), El-Kelaa-Mgouna, Tel. 024 83 69 13, Fax 024 83 69 69. Hotel und Restaurant in maurischem Stil, umgeben von einer schönen Landschaft.

26 Skoura

Lehmburgen säumen die Straße und verbergen sich im Dickicht des Palmenhains.

Auf dem Weg nach Ouarzazate passiert man die kleine, von ausgedehnten Palmenhainen umgebene Ortschaft Skoura (1500 Einw.). Ein kurzer Aufenthalt lohnt. Auf Spaziergängen durch die Oase stößt man immer wieder auf alte Ksour und Kasbahs. Besonders sehenswert ist die nördlich von Skoura am Oued Amerhidil gelegene **Kasbah von Amerhidil**, die über eine Piste zu erreichen ist. Die unterschiedlich hohen Türme des verschachtelten Komplexes sind im oberen Bereich mit besonders *reicher Ziegelornamentik* verziert.

Praktische Hinweise

Hotel

Kasbah Aït Ben Moro, Straße Quarzazate–Skoura, 2 km westl. von Skoura, Tel./Fax 024 85 21 16. Die in überlieferter Handwerkstechnik renovierte Kasbah aus dem 17. Jh. ist heute ein Gästehaus mit 13 hübschen Zimmern. Von hier bietet sich ein schöner Ausblick auf die Oase. Restaurant im Haus.

27 Ouarzazate

Am Zusammenfluss von Oued Dades und Oued Dra gelegen, ist Ouarzazate Ausgangspunkt für Abstecher zu den schönsten Kasbahs Marokkos.

Die moderne Ansiedlung (57 000 Einw.), 1928 als französische Garnison gegründet, erstreckt sich auf einem Hochplateau vor der beeindruckenden Kulisse des *Hohen Atlas*. Ouarzazate soll auch aufgrund seines günstigen Klimas (mehr als 300 Sonnentage im Jahr) zum luxuriösen **Tourismuszentrum Südmarokkos** ausgebaut werden. Kultur- und Kongresszentrum, Filmstudio und Golfplatz sollen neue Kundschaft anlocken. Ein internationaler Flughafen verbindet die etwas abgelegene Region mit den großen Städten Europas.

Bedeutendste Sehenswürdigkeit ist die am östlichen Stadtrand gelegene **Kasbah von Taourirt** (tgl. 8–18.30 Uhr) die Anfang des 18. Jh. errichtet und bis in die Mitte des 20. Jh. immer wieder erweitert wurde. Sie zählt zu den größten Lehmburgen des Landes und beherbergte einst eine der Residenzen von *El-Glaoui*, dem mächtigen Pascha von Marrakesch. Im ersten Stock können Schlafzimmer, Frauengemächer, Küche und Esszimmer besichtigt werden. Einige Räume des Harems wurden für Filmaufnahmen wieder hergerichtet.

Besonders schön ist der Blick auf die verschachtelte Kasbah am frühen Morgen von der Terrasse vor dem *Centre Artisanal* aus. Hier befindet sich auch die Verwaltung der Filmstudios. Nicht selten stehen die Einheimischen vormittags Schlange, um eine der begehrten Statistenrollen zu ergattern. Ouarzazate hat sich in den letzten Jahren zum regionalen Zentrum der Filmindustrie entwickelt. Davon kann man sich bei einem Besuch der **Atlas Corporate Studios** (Tel. 024 88 21 66, tgl. 8–18 Uhr) selbst überzeugen. Ein Besuch des 7 km westlich der Stadt gelegenen Studiogeländes ist interessant und unterhaltsam für Groß und Klein.

Praktische Hinweise

Information

Office National Marocain du Tourisme, Av. Mohammed V. (neben der Post), Ouarzazate, Tel. 024 88 24 85

Die Kasbah von Taourirt in Ouarzazate zählt zu den größten Lehmburgen des Landes

Verschachtelt – die Ecktürme der Kasbahs von Aït Ben Haddou sind reich geschmückt mit geometrischen Ornamenten

Traditionelle Bauformen der Berber – Ksour und Kasbahs

Die ›**Straße der Kasbahs**‹ zählt zu den interessantesten und beliebtesten Reisezielen Marokkos. Die schönsten Kasbahs liegen südlich des Hohen Atlas an den Flussläufen des Dades und des Dra. Neben den modernen Ansiedlungen stößt man in den Oasen immer wieder auch auf kleine Dörfer, **Ksour** (Singular Ksar), und Burgen, **Kasbahs**, die in traditioneller Lehmbauweise errichtet wurden. Hinter den Wehrmauern eines solchen Stampflehmdorfes, früher meist nur von einer Sippe bewohnt, drängen sich die mehrstöckigen Wohnhäuser auf engstem Raum. Wohlhabendere Familien errichteten häufig innerhalb der Mauern frei stehende, durch vier Ecktürme zusätzlich verstärkte Kasbahs, die in der Berber-Sprache **Tighremt** genannt werden. In weniger gefährlichen Zeiten bevorzugte man jedoch Wohnburgen außerhalb eines Ksar. Als Residenz eines Fürsten konnte eine Kasbah palastähnliche Ausmaße annehmen. Die Burgen der Glaoua-Sippe – wie die **Kasbah von Telouet** – sind schöne Beispiele für derartige Anlagen.

Die meist quadratische Kasbah, Wohnsitz einer Großfamilie, umrahmt in der Regel einen Lichthof. Das Leben spielt sich im Inneren ab, die Außenfassade weist nur wenige kleine Öffnungen auf, die eher an Schießscharten als an Fenster erinnern. Vier Ecktürme, in denen die Vorratsräume untergebracht sind, verstärken den Bau. Die Ähnlichkeit dieser Architektur mit **traditionellen Bauformen im Jemen** ließ Spekulationen über die Herkunft mancher Berbervölker entstehen.

Zahlreiche Ksour und Kasbahs sind heute aufgrund ihrer Witterungsanfälligkeit und der aufwendigen Erhaltungsmaßnahmen nicht mehr bewohnt und vom **Verfall** bedroht [s. S. 80]. Vielfach ist auch zu beobachten, dass sich die Eigentümer einer Kasbah ein komfortables Wohnhaus aus modernen Baumaterialien in der Nähe errichten und den alten Familiensitz nur noch als Speicher nutzen.

Kubistisches Meisterwerk – die rötlich-braunen Kasbahs von Aït Ben Haddou passen sich farblich ihrer Umgebung an

Flughafen

Aéroport Taourirt, 3 km außerhalb des Zentrums, nur per Taxi zu erreichen, Tel. 024 88 23 83. – Royal Air Maroc, Ouarzazate, Tel. 024 89 91 30

Öffentliche Verkehrsmittel

Busbahnhof: Av. Mohammed V., CTM Info-Tel. 022 43 82 82. Ein weiterer Busbahnhof befindet sich 1,5 km nördlich vom Stadtzentrum.

Hotels

*****__Le Meridien Berbere Palace__, Mansour Eddahbi, Ouarzazate, Tel. 024 88 31 05, Fax 024 88 30 71, www.ouarzazate.com/leberberepalace. Kleine Zimmer in Bungalows in einem großzügigen Garten. Gutes Restaurant mit reichhaltigem Buffet.

***__Riad Salam__, Av. Mohammed V., Ouarzazate, Tel. 024 88 33 35, Fax 024 88 27 66. Schönes, im Kasbah-Stil um einen großen Swimmingpool errichtetes Hotel mit gutem Restaurant.

Restaurants

Dimitri, Av. Mohammed V., Ouarzazate, Tel. 024 88 73 46. Italienische und griechische Küche am Rand der Wüste.

Le Ouarzazate, Complexe Touristique, Quartier Sidi Daoud, Ouarzazate, Tel. 024 88 31 10, www.restaurant-leouarzazate.com. Marokkanische Spezialitäten im Restaurant oder im Berberzelt.

Hotel im Kasbah-Stil – Riad Salam in Ouarzazate

28 Aït Ben Haddou

TOP TIPP

Der Ksar mit seinen mächtigen Stampflehmhäusern und stolzen Kasbahs ist bei Filmemachern und Touristen aus aller Welt beliebt.

Etwa 30 km nordwestlich von Ouarzazate erhebt sich Aït Ben Haddou am Ufer des *Asif Mellah*. Der wohl **eindrucksvollste Ksar** Marokkos war in den letzten Jahrzehnten mehrfach Kulisse für historische Filme. Man erreicht das monumentale Tor, das für den amerikanischen Spielfilm ›*Sodom und Gomorrha*‹ (1962) errichtet wurde und sich durch die Regelmäßigkeit seiner glatten Struktur (Beton) von den älteren Bauwerken abhebt, durch das in den Sommermonaten ausgetrocknete Flussbett. Nach der Schneeschmelze im Frühjahr jedoch, wenn die Wassermassen aus dem Hohen Atlas zu Tal fließen, wächst das ansonsten dürftige Rinnsal zu einem beachtlichen Fluss heran, der sich nur auf einem Esel oder Dromedar überqueren lässt.

Seit dem 11. Jh. siedelte die Sippe der Ben Haddou am Asif Mellah und kontrollierte den Handel auf der *alten Karawanenstraße* zwischen Timbuktu und Marrakesch. Mit dem Bau der neuen Straße Marrakesch/Ouarzazate, die einen großen Bogen um Aït Ben Haddou macht, verlor die Gegend an Bedeutung. Viele Bewohner haben inzwischen das Dorf verlassen. Die vom **Verfall** bedrohten

Lehmbauten konnten jedoch mithilfe der UNESCO zumindest teilweise restauriert werden, die den Ksar 1987 in ihre *Weltkulturerbe*-Liste aufnahm.

Das Stampflehmdorf besteht aus vielen kleineren und größeren Häusern, die eng aneinander gedrängt an einem Hang kleben und von ferne wie verschachtelt wirken. Während die Untergeschosse der Lehmbauten schmucklos sind, tragen die oberen Geschosse, besonders aber die sich nach oben verjüngenden Ecktürme, *reiche Verzierungen*. Geometrische Ornamente wurden entweder in den noch feuchten Lehm geritzt oder durch Lehmziegel gebildet. Einige der bis auf den heutigen Tag bewohnten Häuser können gegen ein geringes Entgelt besichtigt werden. Von der obersten Dorfterrasse aus bietet sich ein eindrucksvoller Blick über Aït Ben Haddou und das Tal des Asif Mellah.

i Praktische Hinweise

Restaurant

La Kasbah, Société ›Cotoka‹, Aït Ben Haddou, Tel. 024 89 03 02. Nettes Restaurant mit guter Küche. Von der Terrasse bietet sich ein grandioser Ausblick auf den Ksar von Aït Ben Haddou. Angeschlossen ist ein ländliches Hotel.

Maurische Pracht hinter Lehmmauern – die Residenz El-Glaouis in Telouet ▷

29 Telouet

TOP TIPP

Die Residenz El-Glaouis zählt zu den Höhepunkten einer Reise durch den Hohen Atlas.

Von Ouarzazate aus gibt es zwei Möglichkeiten, die bedeutende Kasbah der Glaoui zu erreichen. Über die N 9 Richtung Marrakesch fahrend, erreicht man 3 km südlich der Passstraße des Tizi-n-Tichka eine kleine Straße, die rechts nach Telouet abbiegt. Strapaziöser, aber sehr

viel reizvoller ist die Fahrt von *Aït Ben Haddou* durch das Tal des Asif Ounila. Kahle Berghänge und üppige grüne Täler mit Stampflehmdörfern liegen an dieser mit blauen Pfeilen markierten Strecke. Die sehr steinige Piste ist allerdings nur mit einem Geländewagen befahrbar – und bei bzw. unmittelbar nach Regen- oder Schneefällen überhaupt nicht.

Auf 1800 m Höhe gelegen, ist die **Kasbah** von Telouet die bedeutendste der vielen Lehmburgen, die die *Glaoua-Familie* in der Region hinterlassen hat. Von hier aus kontrollierte sie den 2260 m hohen Pass Tizi-n-Tichka, die wichtigste Nord-Süd-Verbindung im Hohen Atlas. Der Aufstieg des Berber-Clans zur Macht begann mit *Madani Glaoui*, der Sultan Moulay Hassan I. (reg. 1873–94) bei der Unterwerfung aufständischer Berberstämme unterstützte. Madanis 1878 in Telouet geborener Sohn Thami el-Glaoui, auch der ›**Löwe des Atlas**‹ genannt, beherrschte 1912–55 große Teile des südlichen Marokko. 1908 wurde er zum **Pascha von Marrakesch** ernannt. Während der Protektoratszeit kollaborierte der mächtige Fürst mit den französischen Besatzern. Seine Soldaten kämpften auf französischer Seite gegen aufständische Berberstämme. 1956, kurz vor der marokkanischen Unabhängigkeit, warf sich El-Glaoui in Paris Sultan Mohammed V. vor die Füße und bat um Verzeihung für die wesentlich von ihm verantwortete Verbannung des Sultans. Wenige Monate später starb der einstige ›Löwe des Atlas‹, der inzwischen seine ganze Macht verloren hatte, in seiner Stammburg.

Die Kasbah von Telouet entstand Mitte des 19. Jh. und wurde in mehreren Etappen zur einer der größten und prächtigsten Lehmburgen des Landes ausgebaut. Bis zum Tode El-Glaouis beherbergte die Anlage etwa 1000 Personen, heute ist sie unbewohnt und dem allmählichen Verfall preisgegeben. Eine Besichtigung ist in Begleitung des örtlichen Wächters möglich. Im krassen Gegensatz zur Baufälligkeit der gesamten Anlage steht der prachtvolle maurische Empfangssaal des unter El-Glaoui entstandenen jüngsten Bautraktes. Von der Terrasse aus bietet sich eine überwältigende Fernsicht über die Gebirgszüge des Hohen Atlas.

i Praktische Hinweise

Restaurant

Chez Ahmed, ganz in der Nähe der Kasbah, Telouet, Tel. 024 89 07 17, www.telouet.com. In dem netten Café/Restaurant werden Getränke und kleine Speisen angeboten; gelegentlich folkloristische Veranstaltungen. Angeschlossen sind neue Gästezimmer.

Beherrschende Lage – von Telouet aus kontrollierte El-Glaoui den Tizi-n-Tichka, die wichtigste Passstraße des Hohen Atlas

Die Wüste lebt – am Wasserlauf des Dra entwickelte sich eine vielfältige Landwirtschaft

30 Agdz

Zentrum der Mezguita-Berber und zugleich Tor zu den märchenhaften Oasen entlang des Oued Dra.

Von Ouarzazate aus führt eine Bergstraße durch den Antiatlas nach Agdz (8000 Einw.), vorbei an öden Felslandschaften und kleinen Oasen. Der höchste Punkt der Strecke, der *Tizi-n-Tinififft*, liegt auf einer Höhe von 1660 m.

Das kleine, aus einer französischen Garnison entstandene Marktstädtchen liegt am Fuß des 1531 m hohen *Djebel Kissane*. Auf dem von Arkaden umgebenen Marktplatz der modernen Ansiedlung findet an Donnerstagen ein großer **Souk** statt. In der Ortsmitte erhebt sich ein Hügel, von dessen Aussichtsterrasse man einen herrlichen Blick auf das Dra-Tal genießt. Nach der kargen Berglandschaft erstaunt das satte Grün der Palmenoase.

Agdz ist sowohl Station auf dem Weg nach Zagora als auch Ausgangspunkt für schöne Ausflüge im Antiatlas und im Dra-Tal. Abstecher zu den Oasen und Kasbahs von Aït Hammou Saïd (17 km), Tamakkasalte (24 km), El-Had Ouled Othmane (32 km) und zu den Dra-Wasserfällen (20 km) können vom Hotel Kissane aus organisiert werden. Besonders sehenswert ist die 2 km südlich von Agdz gelegene **Kasbah von Tamnougalte**. Hier wurden Sequenzen des amerikanischen Spielfilms ›*Der Himmel über der Wüste*‹ (1990) nach dem Roman von Paul Bowles [s. S. 33] gedreht, die Kasbah erhielt bei dieser Gelegenheit ein neues Tor.

Auf dem Weg nach Zagora folgt die Straße dem Flusslauf des Dra und passiert herrlich grüne Oasen, in denen neben Dattelpalmen auch Obst- und Olivenbäume angepflanzt werden. Immer wieder sieht man gut erhaltene Kasbahs.

Orte auf der Strecke, die sich für einen Halt anbieten, sind *Tleta Tighoummar* (55 km vor Zagora, Souk am Dienstag) und *Tinzouline* (35 km vor Zagora, Souk am Montag und Donnerstag). 7 km außerhalb von Tinzouline (bei der Post rechts abbiegen) gibt es prähistorische **Felszeichnungen** – Gazellen, Strauße und Reiter.

Tipp: Wer vom Dra-Tal Richtung Erfoud fahren will, kann 29 km südlich von Agdz die gut befahrbare N 12 über Nkob und Tazzarine (Hotel) nach Rissani und Erfoud [s. S. 77] einschlagen.

Im Silbersouk von Zagora kann man manch schönes altes Stück ersteigern

Praktische Hinweise

Hotel

****Kissane**, Av. Mohammed V (Straße nach Ouarzazate), Agdz, Tel. 024 84 30 24, Fax 024 84 32 58. Einfaches Hotel mit gutem Restaurant. Hier werden u. a. eine ausgezeichnete Hähnchentajine sowie Couscous (mit Vorbestellung) serviert. Außerdem kann man sich über Ausflüge in die Umgebung informieren.

31 Zagora

Einst Durchgangsstation der legendären Transsahara-Karawanen.

Der Marktort Zagora (15 000 Einw.) liegt inmitten einer Dattelpalmenoase an den Ufern des Dra. Die Sehenswürdigkeiten sind spärlich gesät, allein auf dem 974 m hohen Djebel Zagora stehen die Überreste einer Festung aus dem 11. Jh. Am Ortsausgang, dort, wo die Wüste nicht mehr fern ist, zeigt ein Schild mit der Aufschrift ›*Tombouctou 52 jours*‹, dass die Stadt schon bessere Tage gesehen hat. Doch die Zeit der Transsahara-Karawanen ist lange vorbei. Touristen besuchen Zagora vornehmlich, um Abstecher bis an den Wüstenrand zu unternehmen.

Praktische Hinweise

Hotels

******Riad Salam**, Bd. Mohammed V., Zagora, Tel. 024 84 74 00, Fax 024 84 75 51. In dem schönen Hotel laden schon Empfangshalle, Bar und Swimmingpool zu einem erholsamen Aufenthalt ein.

Erinnerung an die große Zeit der Transsahara-Karawanen – in 52 Tagen reiste man früher von Zagora nach Timbuktu

***Kasbah Asmaa, Zagora, Tel. 024 84 75 99, Fax 024 84 75 27, www.asmaa-zagora.com. Schöne, traditionelle Anlage mit gutem Restaurant, Gärten sowie Swimmingpool.

***Le Sauvage Noble, Tizergate (5 km nordwestlich von Zagora), Tel. 061 34 84 13, Fax 061 44 84 62 51, www.renard-bleu-touareg.org. Sympathisches Gästehaus am Rande des Palmenhains. Die 16 Zimmer sind traditionell eingerichtet, der Garten mit seinem plätschernden Brunnen ist eine Oase der Ruhe.

Restaurants

La fibule du Drâa, Amzraou (das Dorf nach der Brücke über dem Dra-Tal), Tel. 024 84 73 18. Marokkanische Spezialitäten.

La Rose des Sables, Av. Allal Ben Abdallah, Zagora, Tel. 024 84 72 74. Gute und preiswerte einheimische Küche.

32 Tamegroute

Unberührtes Dorf in einer Wüstenoase, traditionelle Töpferwerkstätten und eine Zaouia mit wertvoller Bibliothek.

Nur 18 km südöstlich von Zagora liegt der bedeutende Pilgerort Tamegroute. Die

Wichtiges Utensil der marokkanischen Küche – Tajine-Töpfe für den traditionellen Schmortopf auf dem Markt von Zagora

Zaouia wurde im 17. Jh. von dem islamischen Gelehrten *Abu Abdallah Mohammed Abu Nasr* gegründet, nach dem die Nassirija-Bruderschaft benannt wurde. Die **Bibliothek**, die er mit Büchern aus der ganzen arabischen Welt bestückt hat, wird von Religionsstudenten noch benutzt. Wertvolle alte Handschriften religiösen und wissenschaftlichen Inhalts werden den Besuchern gezeigt und erläutert. Die älteste von ihnen stammt von 1063 und ist mit Walnusstinte auf Gazellenpergament geschrieben.

Die **Gräber** der *acht Marabouts* ziehen Kranke aus dem ganzen Land an, die sich vielfach in der Hoffnung auf Heilung wochen-, monate- oder sogar jahrelang im Hof der Anlage aufhalten und hier Unterkunft und Verpflegung finden. Einen Monat nach dem größten islamischen Feiertag, dem Opferfest Aid el-Kebir, findet ein großer Moussem zu Ehren der Heiligen statt.

Tamegroute ist außerdem für seine **Keramikwerkstätten** bekannt, die am östlichen Stadtrand liegen und besichtigt werden können. Mit oft noch einfachsten Methoden wird Gebrauchskeramik hergestellt, die an Ort und Stelle erworben werden kann.

Marrakesch und der Hohe Atlas – das Tor zum Süden

Marrakesch, die ›Perle des Südens‹, ist nach Fes die größte und bedeutendste der **marokkanischen Königsstädte**. Im Lauf der Jahrhunderte ließen die Sultane der **Almoraviden**, **Almohaden** und **Saadier** am Rand des Hohen Atlas eine prächtige Residenz entstehen, die einen Vergleich mit der ältesten Königsstadt Fes nicht zu scheuen brauchte. Die **Koutoubia-Moschee** und die **Medersa Ben Youssouf** zählen zu den schönsten Sakralbauten des Landes. Marrakesch fasziniert zudem durch die ausgedehntesten *Souks* von Marokko und durch das Freiluftspektakel *Djemaa el-Fna*. Südlich der Metropole ragen die fast ganzjährig schneebedeckten Gipfel des *Hohen Atlas* empor. Eine Fahrt von Marrakesch nach Taroudannt führt durch die reizvolle Bergwelt des höchsten marokkanischen Gebirges. An der Strecke liegen die Ruinen der **Moschee von Tinmal**. Hat man schließlich den *Tizi-n-Test-Pass*, der bis auf eine Höhe von 2092 m ansteigt, überwunden, geht es in die fruchtbare Sous-Ebene nach Taroudannt hinein.

33 Kasbah Tadla

Die Ruinen einer mächtigen Festung aus dem 17. Jh. thronen über dem Ort.

Wer von Fes direkt nach Marrakesch fahren will, biegt bei Azrou Richtung Beni Mellal ab. 30 km vor der Provinzhauptstadt durchquert man das Zentrum der fruchtbaren Tadla-Ebene, mit 100 000 ha die größte bewässerte Fläche im ganzen Maghreb.

Am *Oued Oum er-Rbia* liegt auf 725 m Höhe der Marktort Kasbah Tadla, der von den imposanten Ruinen einer **Kasbah** dominiert wird. Moulay Ismail legte die Festung im 17. Jh. zum Schutz gegen die Berberstämme des Mittleren Atlas an. Sie zählt zu den beeindruckendsten des Landes, innerhalb ihrer mächtigen Lehmmauern ragen zwei Moscheen und der ehem. Gouverneurspalast empor. TOP TIPP Von der **Aussichtsterrasse** bietet sich ein beeindruckendes Landschaftspanorama.

◁ *Begehrtes Fotomotiv – der Wasserverkäufer von Marrakesch macht sein Geschäft heutzutage größtenteils als Fotomodell*

34 Beni Mellal

Die blühende Stadt ist Durchgangsstation auf dem Weg nach Marrakesch.

Die in den letzten Jahren stark gewachsene *Provinzhauptstadt* (165 000 Einw.) erstreckt sich an den westlichen Ausläufern des Mittleren Atlas auf einer Höhe von 600 m. Dank des nahen Stausees *Bin el-Oudiane*, der eine regelmäßige Bewässerung ermöglicht, wird Beni Mellal von ausgedehnten Obstplantagen und Gemüsefeldern umgeben. Die moderne Ansiedlung, in erster Linie als Durchgangsstation auf dem Weg nach Marrakesch interessant, bietet kaum Attraktionen. Einen kurzen Besuch kann man der etwas unscheinbaren Ruine einer 1688 errichteten Kasbah abstatten. Vor allem aber empfiehlt sich ein Spaziergang von der Quelle **Aïn Asserdoun** durch Gartenanlagen zu dem 1 km entfernten *Borj Ras el-Aïn*. Von hier genießt man einen herrlichen Blick über die Tadla-Ebene.

i Praktische Hinweise

Hotels

******Ouzoud**, km 3, Route de Marrakech, Beni Mellal, Tel. 023 48 37 52, Fax

023 48 85 30, www.sogatour.ma/ou zoud.html. Älteres, aber renoviertes Hotel mit schönen großen Zimmern und gutem internationalem Restaurant.

*Gharnata, Bd. Mohammed V., Beni Mellal, Tel. 023 48 34 82, Fax 023 42 24 27. Einfaches, etwas lautes Hotel.

Aïn Asserdoun, Bd. Mohammed V., Beni Mellal, Tel. 023 48 33 61, Fax 023 48 66 92. Freundliches, zentral gelegenes Hotel mit klimatisierten Zimmern.

35 Marrakesch

Plan Seite 96

Die ›Perle des Südens‹ ist eine pulsierende orientalische Metropole, die auf Besucher eine unwiderstehliche Faszination ausübt.

Die mit 850 000 Einwohnern viertgrößte Stadt des Landes liegt, umgeben von Dattelpalmen, auf 450 m Höhe in der fruchtbaren *Haouz-Ebene*. Das Wort ›Haouz‹ bezeichnete ursprünglich das im Besitz des Sultans befindliche Umland der jeweiligen Hauptstadt, heute ist damit nur noch die Region jener Königsstadt gemeint, die dem Land seinen Namen gegeben hat: Marrakesch. In der Tifinasch-Berbersprache bedeutet der Stadtname ›Durchzugsland‹ (*Mar-our-kouch*) und meint ein neutrales Gebiet zwischen den Revieren verschiedener Sippen.

Geschichte Marrakesch wurde 1062, kurz nach der almoravidischen Machtergreifung, auf bis dahin unbesiedeltem Gebiet als Militärlager gegründet. Unter *Youssouf Ben Tachfin* stieg die zügig ausgebaute Ansiedlung zur **Almoraviden-Residenz** auf. Nach Youssoufs sieg- und beutereichen Kriegszügen gegen Alfons VI. von Kastilien, dem er 1086 das spanische Toledo entreißen konnte, begann für Marrakesch eine Zeit der Blüte. Zahlreiche Moscheen und Paläste entstanden. Youssoufs Sohn und Nachfolger *Ali Ben Youssouf* ließ 1126/27 die heute noch erhaltene **Wehrmauer** anlegen und vor den Toren der Stadt die ersten Palmenhaine anpflanzen.

Aus der Gründungszeit von Marrakesch ist heute kaum noch etwas erhalten. 1147 stürmten die **Almohaden** die Stadt, zerstörten die meisten almoravidi-

Der Aufstieg der Berberdynastien in Marokko – Almoraviden und Almohaden

Zwei Jahrhunderte lang bestimmten zwei Berberdynastien die Geschicke Marokkos und Andalusiens. Die **Almoraviden** (Al-Murabitun – Bewohner des Ribat) kontrollierten Mitte des 11. Jh. weite Teile Marokkos und das westliche Algerien. Nachdem Alfons VI. von Kastilien im Zuge der **christlichen Reconquista** bis nach Toledo vorgedrungen war, riefen andalusische Kalifen in Spanien die Almoraviden zu Hilfe. Sultan **Youssouf Ben Tachfin** fügte dem kastilischen König 1086 eine schwere Niederlage zu und kehrte mit reicher Kriegsbeute nach Marokko zurück. In ihrer **Hauptstadt Marrakesch** entwickelten die Almoraviden einen vom eleganten andalusischen Vorbild beeinflussten höfischen Lebensstil. Doch nach dem Tod des mächtigen Herrschers waren seine Nachfolger nicht in der Lage, das große Reich zusammenzuhalten. So gerieten in Spanien immer mehr Gebiete unter **christliche Kontrolle**.

Die **Almohaden** nutzten die Gunst der Stunde. Unter der Führung Abd el-Moumens eroberten sie 1146 Fes und im folgenden Jahr Marrakesch, die Residenz der Almoraviden. Die Almohaden folgten dem neuerlichen Hilferuf der andalusischen Kalifen und drängten die christlichen Heere zurück. Unter **Abd el-Moumen** erreichte das Almohadenreich seine größte Ausdehnung. Es umfasste beinahe das gesamte Gebiet des westlichen Islam. 1162 ernannte der Sultan sich selbst zum Kalifen. Mit seinem Titel **Emir el-Mouminin**, Fürst der Gläubigen, schmücken sich noch heute die marokkanischen Könige. In den almohadischen Städten erblühten die Künste. Unter **Abou Youssouf Yakoub el-Mansour** entstanden allerorts Monumente, die noch heute von der großen Fertigkeit der maurisch-andalusischen Künstler zeugen, z. B. die **Giralda** in Sevilla, die (unvollendete) Hassan-Moschee in Rabat und die **Koutoubia** in Marrakesch.

schen Bauwerke und ließen neue Prachtbauten wie die **Koutoubia-Moschee** errichten. Von einer verheerenden Pestepidemie 1176 erholte sich die Stadt nur langsam, erlebte dann aber unter *Yakoub el-Mansour* ab 1184 ihre größte wirtschaftliche und kulturelle Blüte. Gegen Ende des 13. Jh. von 150 000 Einwohnern bevölkert, konnte sie sich in ihrer Pracht mit den großen islamischen Zentren wie Bagdad und Kairo messen.

Mitte des 13. Jh. schwächten Thronstreitigkeiten die Almohaden, es begann der Aufstieg der **Meriniden-Dynastie**. *Abou Youssouf Yakoub* eroberte 1269 die Almohaden-Hauptstadt und verlegte zwei Jahre später die Residenz nach Fes. Bis Anfang des 16. Jh. schrumpfte die Bevölkerung von Marrakesch auf 20 000 Einwohner. Erst mit der **Saadier-Dynastie**, die 1521 in die Stadt einzog und sie 1554 zur Hauptstadt ihres Reiches machte, ging es wieder aufwärts. Mit dem Gold von Timbuktu – Sultan *Ahmed el-Mansour* eroberte 1591 die reiche Handelsstadt – wurde die inzwischen stark verfallene ›Perle des Südens‹ erneut zur glänzenden Metropole ausgebaut. Es entstand der Badi-Palast, der selbst als Ruine noch heute durch seine gewaltigen Ausmaße beeindruckt.

Die Herrscher der **Alaouiten-Dynastie** bevorzugten Ende des 17. Jh. wiederum Fes als Hauptstadt. *Moulay Ismail* ließ die bedeutendsten Bauten aus der Regierungszeit der Saadier zerstören. Obwohl Marrakesch bis ins 20. Jh. hinein immer wieder einmal als Residenz fungierte, stand die Stadt seither im Schatten der Konkurrenz aus dem Norden. Mit der Unterstützung El-Glaouis, des **Paschas von Marrakesch**, marschierten 1912 die Franzosen in die Stadt ein. Der ›Löwe des Atlas‹, wie El-Glaoui auch genannt wurde, beherrschte bis zur marokkanischen Unabhängigkeit 1956 weite Teile des Südens.

Heute ist Marrakesch eine Stadt des **Handels** und des **Handwerks**. Die Medina, die seit 1985 zum Weltkulturerbe der UNESCO gehört, wird von kleinen Laden-Werkstätten und mehr als 30 000 Handwerkern geprägt. Die Altstadt ist wichtigster Absatzmarkt für handwerkliche Produkte, die den besonders aus Agadir anreisenden Touristen angeboten werden. Die moderne Universität im Norden, wichtige Messen, Kongresse und ein Filmfestival tragen zur wachsenden internationalen Bedeutung der Stadt bei.

Lustschloss vor den Toren von Marrakesch – der Pavillon in den Menara-Gärten ist heute ein beliebtes Ausflugsziel

Besichtigung Die große Metropole Südmarokkos fasziniert besonders im Frühjahr, wenn die schneebedeckten Gipfel des etwa 60 km entfernten Hohen Atlas zum Greifen nah erscheinen. Bedeutende Monumente aus der Blütezeit der Stadt sowie die ausgedehntesten Souks des Landes machen Marrakesch zu der nach Fes bedeutendsten Königsstadt.

Eine **Rundfahrt** mit der Kutsche (Abfahrt nahe der Koutoubia) um die Mauern der Altstadt ermöglicht auf entspannende Weise einen ersten Überblick über

Tor zur Medina – das Bab Agnaou mit seinen Zackenbogen und Arabesken gilt als das schönste Tor von Marrakesch

das mittelalterliche Marrakesch. Ein Abstecher führt zu dem einige Kilometer außerhalb der Stadtmauer gelegenen **Jardin Menara** 1, der bereits im 12. Jh. unter den Almohaden angelegt wurde. Am südlichen Rand eines großen Wasserbeckens erhebt sich ein kleiner Pavillon aus dem 19. Jh. An den Wochenenden sind die Gärten ein beliebtes Ausflugsziel der Marrakschi. Wer den Rundgang durch die Altstadt in Begleitung eines offiziellen Führers unternehmen will, findet diesen an den großen Hotels oder in der Nähe der Koutoubia.

Südliche Medina

Von der *Avenue el-Menara* kommend, betritt man die südliche Altstadt durch das **Bab el-Djedid** 2, das Neue Tor. Rechter Hand liegt das bekannteste Hotel der Stadt, das in maurisch-andalusischem Stil erbaute *Al-Mamounia*. Die palastartige Innenausstattung sowie die blühenden Gärten machen den Aufenthalt in dieser luxuriösen Anlage zu einem besonderen Erlebnis.

Wendet man sich nach links, ist nach etwa 300 m die für Nichtmuslime unzugängliche, 1157/58 errichtete **Mosquée Koutoubia** 3 erreicht. Das *Wahrzeichen von Marrakesch*, benannt nach dem früher in der Nachbarschaft angesiedelten Souk der Buchhändler, ist eines der eindrucksvollsten Bauwerke der *Almohadenzeit*. So umfasst allein die riesige Gebetshalle eine Fläche von 90 x 60 m, in den 17 Schiffen können bis zu 25 000 Gläubige ihrem Gebet nachgehen. Der 77 m hohe, quadratische Turm besitzt auf allen vier Seiten unterschiedlich gestaltete Bogenfenster. 1198 vollendet, ist er das schönste Beispiel eines **almohadischen Minaretts**. Etwa zeitgleich entstanden in Sevilla die *Giralda* und in Rabat der *Hassan-Turm* [s. S. 25]. Diese almohadischen Moscheentürme des ausgehenden 12. Jh. bestimmen bis heute die Form marokkanischer Minarette. Prominentestes modernes Beispiel ist die Moschee Hassan II. in Casablanca.

Von der Place Youssouf Ben Tachfin aus folgt man rechts der Rue Sidi Mi-

Zur letzten Ruhe gebettet – die Tombeaux des Saadiens beherbergen die Gräber von sieben Sultanen der Saadier-Dynastie sowie weiterer Familienmitglieder

moun bis zu dem im 12. Jh. entstandenen **Bab Agnaou** 4, dem schönsten Tor von Marrakesch. Seine Dekoration besteht aus Zackenbogen, Arabesken und einem Fries kufischer Inschriften. In unmittelbarer Nachbarschaft erhebt sich das zeitgleich erbaute **Bab er-Robb**. Die beiden Tore dienten einst als Zugänge zu der unter Almohaden-Sultan *Yakoub el-Mansour* angelegten Kasbah. Das einzige von der alten Almohadenresidenz erhaltene Gebäude ist die **Mosquée de la Kasbah** 5, die nach ihrem Erbauer auch El-Mansour-Moschee genannt wird. Das renovierte Minarett ist im oberen Bereich mit grünen Kacheln farbig verziert.

Rechts neben der Moschee befindet sich der Eingang zu den **Tombeaux des Saadiens** 6 (tgl. 8.30–12 und 14.30–18.30 Uhr) den Saadiergräbern. Die im 16. Jh. angelegte Nekropole wurde unter Alaouiten-Herrscher Moulay Ismail zugemauert und erst 1917 wieder entdeckt. Ein schmaler Gang führt zu den zwei Mausoleen, in denen insgesamt sieben Sultane und 62 Mitglieder der Saadier-Familie ihre letzte Ruhestätte fanden. Links hinter dem Eingang öffnen sich die drei nebeneinander liegenden Räume des größeren Mausoleums. Der erste, ein Gebetsraum mit sehenswertem Mihrab, beherbergt das Grab *Moulay el-Yazids*. Obwohl die

Wahrzeichen von Marrakesch ist das Minarett der Koutoubia-Moschee

Nekropole eigentlich zugemauert war, bestand weiterhin ein Zugang über die Kasbah-Moschee, sodass der Alaouiten-Sultan Ende des 18. Jh. hier bestattet werden konnte. Es folgt der prunkvolle ›**Saal der zwölf Säulen**‹. Unter einer mit Schnitzereien verzierten Kuppel aus Zedernholz, die von zwölf Säulen getragen wird, ruht der Eroberer von Timbuktu, *Ahmed el-Mansour ed-Dehbi*. Beachtenswert ist die reiche Ausschmückung mit Zellij-Kacheln und Stalaktitbögen (*Muqarnas*). Im dritten Raum befinden sich Kindergräber. Das zweite Mausoleum ist kleiner, besteht nur aus zwei Räumen, die einfacher ausgestattet sind. Hier, wie auch im Garten, findet man weitere Gräber von Familienangehörigen und Staatsdienern. Wenn die Saadier-Gräber nicht gerade von Reisegruppen besucht werden, ist der schöne Garten eine Oase der Ruhe.

Nicht weit entfernt, südlich der *Place des Ferblantiers* (Eisenschmiedeplatz), erheben sich die Ruinen des **Palais el-Badi** 7 (tgl. 8.30–12 und 14.30–18.30 Uhr). Mit dem Gold aus Timbuktu finanzierte der mächtige Saadier Ahmed el-Mansour den 1578–1608 erbauten größten Palast des Maghreb. Nach seinem Namen, ›der Unvergleichliche‹, zu urteilen, war er auch der schönste. Doch die ganze maurische Pracht, die Zellij-Kacheln, die Stuckornamente und die Zedernholzschnitzereien, sind heute verschwunden. Gut 100 Jahre nach ihrer Entstehung wurde die Anlage unter Alaouiten-Herrscher Moulay Ismail als *Steinbruch* für die Errichtung einer neuen Residenz in Meknes verwendet. Heute sind von der riesigen Palastanlage nur noch einige Mauerreste und Böden erhalten. Ein plätschernder Brunnen und zahlreiche Störche, die im Frühjahr hier ihren Nachwuchs hüten, verleihen der Ruine eine märchenhafte Atmosphäre. Von der Terrasse hat man einen schönen Blick auf die Stadt und die Dächer des südlich sich anschließenden Königspalastes **Dar el-Makhzen**. Dieser wird von der Familie Mohammeds VI. als Winterresidenz genutzt und ist daher nicht öffentlich zugänglich.

Von der Place des Ferblantiers gelangt man über die Rue Bab Rhemat zum **Palais de la Bahia** 8 (tgl. 8.30–12 und 14.30–18.30 Uhr). Die ehem. Residenz der Großwesire *Si Moussa* und *Ba Ahmed* ist – auch ohne ihre Originalmöblierung – ein schönes Beispiel für die Prachtentfaltung in einem orientalischen Fürstenpalast Ende des 19. Jh. Der Rundgang durch die Anlage mit ihren zahlreichen prunkvoll ausgeschmückten Empfangssälen und Privatgemächern sowie blühenden Innenhöfen und Gärten ist nur in Begleitung eines Führers möglich. Beachtens-

Bei der Ausstattung des Bahia-Palastes wurden nur die allerfeinsten Materialien verwendet

Mit überraschender Geradlinigkeit und angenehmer Kühle setzt der gekachelte Innenhof des Bahia-Palastes einen interessanten Kontrapunkt zur maurischen Pracht der übrigen Anlage

wert ist die Vielfalt der Deckendekorationen. Die schönsten Räume des Palastes, unter ihnen das ›*Zimmer der Favoritin*‹ mit üppigen Verzierungen, öffnen sich zum hintersten Hof. Ursprünglich waren die kahlen Gipswände mit bunten kostbaren Textilien behängt, die jedoch nicht mehr erhalten sind.

Folgt man der Rue Riad Zeitun Djedid ein kurzes Stück nach Norden und biegt dann die Rue de la Bahia nach rechts ab, erreicht man das Volkskundemuseum **Musée Dar Si Saïd** 9 (Tel. 024 38 95 64, Mi–Mo 9–12 und 15–18 Uhr). Die umfangreiche Sammlung marokkanischen Kunsthandwerks ist in dem Ende des 19. Jh. errichteten ehem. Palast eines Bruders Ba Ahmeds untergebracht. Kunstvoll *geschnitzte Holztüren* aus alten südmarokkanischen Kasbahs sowie ein mit Blumen- und Tierdarstellungen dekoriertes *steinernes Becken* zählen zu den interessantesten Exponaten. Das im 11. Jh. gefertigte Becken – ein seltenes Zeugnis figurativer Kunst im westlichen Islam – stammt aus Andalusien und diente einst als Reinigungsbrunnen in der Ben-Youssouf-Medersa. Die vier Räume des Untergeschosses, die sich um einen schönen Innenhof gruppieren, zeigen Silberschmuck, Messing- und Kupferarbeiten sowie Keramiken. Die Räume der oberen Etage, die allesamt mit schönen Holzdecken ausgestattet sind, präsentieren eine umfangreiche Teppichausstellung mit Stücken aus verschiedenen marokkanischen Regionen. Außerdem sehenswert sind ein Hochzeitsthron und ein riesiger zeremonieller Kerzenhalter. Nur 100 m entfernt steht das im maurischen Stil erbaute Privathaus **Dar Tiskiwin** 10 (8 Rue de la Bahia, Tel. 024 38 91 92, tgl. 10–12 und 15.30–17 Uhr). Der holländische Besitzer, der Kunsthistoriker Bert Flint, erklärt anhand seiner exklusiven Sammlung kompetent und vielsprachig die Teppichkunst und andere Zweige des marokkanischen Kunsthandwerks.

Nördliche Medina

Ein guter Ausgangspunkt für die Besichtigung der nördlichen Altstadt ist das gegenüber dem Busbahnhof gelegene **Bab Doukkala** 11. Hinter dem Stadttor führt die Rue Bab Doukkala – vorbei an der gleichnamigen Moschee – zum Palast

Dar el-Glaoui ⓬. Teile der ehem. Stadtresidenz *El-Glaouis* und des Gartens sind der Öffentlichkeit zugänglich. Der Pascha von Marrakesch umgab sich in seinem Anfang des 20. Jh. im maurischen Stil erbauten Palast mit allem nur erdenklichen Prunk. Dank seiner Kooperation mit der Besatzungsmacht Frankreich gewann El-Glaoui an politischem Einfluss und trug 1953 wesentlich zur Absetzung Sultan Mohammeds V. bei. In einigen der Palasträume werden regelmäßig *kulturelle Veranstaltungen* geboten – Ausstellungen, Lesungen, Theater- und Musikaufführungen (Infos: Délégation des Affaires Culturelles, Tel. 024 44 54 65).

Am Ende der Rue Bab Doukkala orientiert man sich nach links. Kleine Quergassen mit Werkstätten und Läden führen zur **Mosquée Ben Youssouf**. In almoravidischer Zeit errichtet, erhielt sie ihr heutiges Aussehen durch größere Umbauten im 16. und 19. Jh. Im Gegensatz zur Moschee steht die prachtvoll ausgestattete **Medersa Ben Youssouf** ⓭ (tgl. 9–18 Uhr) auch Nichtmuslimen offen. In merinidischer Zeit von Sultan Abou el-Hassan (1331–51) gegründet, wurde sie von dem Saadier Abdallah el-Ghalib (1557–74) zu einer der größten und bedeutendsten Koranschulen des Maghreb ausgebaut. In ihrer Glanzzeit studierten hier über 900 Schüler Islamische Theologie und Islamisches Recht, 1960 wurde die Schule geschlossen. Ein enger Gang mit bemalter Holzdecke führt in einen Vorraum, der sich zum Hof (*Sahn*) hin öffnet. Verschwenderisch mit Zellij, Stuck

Märchenhafte Vielfalt – die Wände der Medersa Ben Youssouf sind mit bunten Kacheln und feinen Stuckfriesen bedeckt

Oase der Ruhe in der hektischen Medina – Innenhof der Medersa Ben Youssouf

und geschnitztem Holz dekoriert, bildet er den Kern der Anlage. An seiner Rückseite öffnet sich der Gebetsraum, der auch als Unterrichtsraum diente. Die Holzdecke über dem mittleren Raumteil und die Stuckdekoration des Mihrab sind sehenswert. Sowohl im Erdgeschoss als auch in den oberen Etagen, die man über eine Treppe erreicht, befinden sich die kargen kleinen Zimmer der Studenten, die in ihrer Einfachheit an Mönchszellen mittelalterlicher Klöster erinnern.

In nördlicher Richtung erreicht man über kleine verwinkelte Gassen und die Rue Bab Taghzout die **Fontaine Echrob ou Chouf** 14, deren Name zum ›Trinken und Schauen‹ auffordert. Der malerische, aber etwas heruntergekommene Brunnen besitzt ein schönes stalaktitgeschmücktes Vordach. Hinter dem *Bab Taghzout*, einem Tor der almoravidischen Mauer, das durch die Stadterweiterung im 16. Jh. seine ursprüngliche Funktion verlor, liegen zwei wichtige, Touristen allerdings nicht zugängliche Mausoleen, die *Zaouia de Sidi Ben Slimane* (16. Jh.) und die *Zaouia de Sidi Bel Abbes es-Sebti* (17. Jh.). Letzterer zählt zu den Schutzheiligen von Marrakesch und genießt im Volk große Verehrung.

Zurück an der Place Ben Youssouf wendet man sich nun dem der Medersa benachbarten protzigen Palast *Dar M'Nehbi* zu. Hier wurde das **Musée Privé de Marrakech** 15 (Tel. 024 44 18 93, tgl. 9–18.30 Uhr) eingerichtet, das eine interessante Mischung aus moderner marokkanischer Malerei und Kunsthandwerk sowie altägyptischen und tibetanischen Exponaten ausstellt. Sehenswert ist auch die großzügige Ausstattung des Hauses. Auf der anderen Seite des Platzes erhebt sich die im 12. Jh. entstandene **Koubba el-Baroudiyine** 16, das einzige gut erhaltene Monument der Almoravidenzeit.

TOP TIPP Südlich der Place Ben Youssouf beginnen die **Souks** 17, die sich bis zur Place Djemaa el-Fna erstrecken und damit die größten des Landes sind. Der Autor Elias Canetti beschreibt sie so: »Neben den Läden, wo nur verkauft wird, gibt es viele, vor denen man zusehen kann, wie die Gegenstände erzeugt werden. (...) Es ist eine offene Tätigkeit, und was geschieht, zeigt sich, wie der fertige Gegenstand. In einer Gesellschaft, die so viel Verborgenes hat, die das Innere ihrer Häuser, Gestalt und Gesicht ihrer Frauen und selbst ihre Gotteshäuser vor Fremden eifersüchtig verbirgt, ist diese gesteigerte Offenheit dessen, was erzeugt und verkauft wird, doppelt anziehend« (›Die Stimmen von Marrakesch‹, 1968).

Im Gassengewirr der Medina werden alle handwerklichen Produkte Marokkos feilgeboten. Die Gassen der Eisenschmiede (*Souk des Ferblantiers*) sind aufgrund des rhythmischen Lärms aus den kleinen

20
52
2
10

Djemaa el-Fna – Straßenzirkus im Herzen von Marrakesch

Wer den berühmten Platz im Herzen von Marrakesch besucht, sollte Augen, Nase und Ohren aufsperren. Denn geradezu überwältigend sind die Sinneseindrücke, die den mitteleuropäischen Reisenden hier erwarten. Nicht ohne Grund hat die UNESCO die Geräuschkulisse, in die sich der Djema el-Fna Abend für Abend hüllt, zum **oralen Weltkulturerbe** ernannt.

Kraft für das orientalische Erlebnis sammelt man am besten bei einer der mobilen Garküchen, die jeden Abend auf den Platz geschoben werden. Nach dem Genuss eines gegrillten Fischs, eines Spießes saftigen Lammfleischs oder einer Schüssel gekochter Schnecken blickt man der Zukunft, offenbart von einer **Wahrsagerin**, auf jeden Fall viel gelassener ins Gesicht. Oder man geht zu einem **Wunderheiler**, der mit einer speziellen Tinte einen wirksamen Spruch auf einen Zettel schreibt. Wer dieses ›Rezept‹ in einem Getränk aufgelöst zu sich nimmt, wird garantiert von einer Krankheit oder einem Leiden befreit. Vorbei an den berauschten, einer geheimnisvollen Bruderschaft angehörenden **Gnaoui-Musikern** und **Schlangenbeschwörern** gelangt man zum **Zahnzieher**. Hier kann man sich für einen Dirham einen Zahn entfernen lassen. Vor dem Spezialisten liegt seine Beute, Hunderte von Zähnen in allen Größen. Und weiter geht es zum **Märchenerzähler**. Besonders ältere, des Lesens unkundige Menschen umlagern ihn und lauschen gespannt seinen Geschichten. Stundenlang könnte man dieses turbulente Straßentheater beobachten. Wer müde geworden ist, zieht sich in eines der umliegenden Cafés zurück, um das bunte Treiben in aller Ruhe von einer Terrasse aus zu beobachten.

◁ *In der Medina von Marrakesch:*
Oben: *Wasserverkäufer und Schlangenbeschwörer auf dem Djemaa el-Fna*
Mitte: *Dampfende Töpfe in einer der größten Garküche der Welt*
Unten: *Gewürz- und Kupfersouk*

Werkstätten der Handwerker kaum zu verfehlen. Die Lederverarbeiter (*Cherratines*) bieten ihre Produkte, Schuhe, Taschen, Gürtel, im Direktverkauf an. Im Souk der Färber (*Souk des Teinturiers*) sind die zwischen den Dächern der kleinen Läden an Schilfstangen zum Trocknen aufgehängten bunten Stoffe eine Augenweide. Im Souk der Kupferschmiede (*Souk des Forgerons*) werden Kupfer- und Messingerzeugnisse angeboten, die restaurierte **Fontaine el-Mouassine** (16. Jh.) erinnert an die Zeit des Wiederaufbaus von Marrakesch unter den Saadiern. Teppiche werden in der Halle **La Criée Bèrbère** nördlich der Place Rahba Kedima inmitten eines lauten Durcheinanders versteigert.

Verlässt man die Souks in südlicher Richtung, stößt man auf den berühmtesten Platz Marokkos, den **Djemaa el-Fna** 18. Der Platz der ›*Versammlung der Hingerichteten*‹, an dem einst die aufgespießten Köpfe der Enthaupteten zur Abschreckung aufgestellt wurden, diente noch bis Anfang der 1980er-Jahre als Busbahnhof. Durch die Errichtung eines neuen Bahnhofs außerhalb der Mauern verlor der alte Treffpunkt der Durchreisenden zwar seine offizielle Funktion, gleichwohl ist der Djemaa el-Fna noch immer der belebteste und beliebteste Platz in Marrakesch. Besonders nachmittags und abends, wenn es in den Garküchen brutzelt und dampft und wenn der graue Asphalt zur Bühne wird für Gaukler, Schlangen- und Geisterbeschwörer, Kräuterapotheker, Geschichtenerzähler und Musikanten, ist der Djemaa el-Fna Treffpunkt für Besucher von nah und fern. Da die Artisten sich inzwischen auf Touristen eingestellt haben, sollte sich der neugierige Reisende vor dem Gang über den Platz mit genügend Kleingeld eindecken: Für jeden Blick und jedes Foto wird er hier um ein paar Dirham erleichtert.

Vom nordöstlich gelegenen *Bab Debbarh* aus können, allerdings nur in Begleitung eines offiziellen Führers, die **Gerberviertel** 19 besichtigt werden. Sie lohnen sich nur für Reisende, die nicht nach Fes fahren, denn die dortigen Gerberviertel sind frei zugänglich und außerdem wesentlich interessanter.

Ville Nouvelle

Außerhalb der mittelalterlichen Stadtmauer legten die Franzosen 1916, zu Beginn der Protektoratszeit, ein neues Stadtviertel an. Hier befinden sich zahlreiche

Besser kann man in Marokko nicht wohnen – Luxus pur im Hotel Mamounia

Hotels und Restaurants, Geschäfte und Banken.

Nördlich der Altstadt liegt der botanische Garten **Jardin Majorelle** 20 (tgl. 8–12 und 14–17, Juni–Sept. nachmittags ab 15 Uhr). In seiner Mitte erhebt sich, von subtropischen und tropischen Pflanzen umgeben, das **Musée d'Arts Islamiques** (Öffnungszeiten wie Jardin Majorelle). Neben kunsthandwerklichen Exponaten, Holzarbeiten, Teppichen und Textilien werden Gemälde des französischen Jugendstilmalers Louis Majorelle ausgestellt, der Anfang des 20. Jh. in Marrakesch lebte und dessen Atelier sich in den Räumen des heutigen Museums befand.

TOP TIPP

Ausflüge

72 km südlich von Marrakesch liegt **Oukaimeden**, eines der großen, gut ausgebauten marokkanischen Skigebiete. Sessellifte führen hinauf auf den 3237 m hohen Djebel Oukaimeden. Östlich von Marrakesch sind die **Cascades d'Ouzoud** sehenswert. Um zu ihnen zu gelangen, fährt man die N 8 Richtung Beni Mellal und zweigt 68 km hinter El Kelaâ des Sraghna eine kleine Straße rechts ab. Nach weiteren 46 km erreicht man die in einer zauberhaften Landschaft gelegenen eindrucksvollsten Wasserfälle Marokkos. Einfache Übernachtungs- und Campingmöglichkeiten sind vorhanden.

Oukaimeden – Skiparadies im Hohen Atlas

Praktische Hinweise

Information

Office National Marocain du Tourisme, Place Abd el-Moumen Ben Ali, Guéliz, Marrakesch, Tel. 024 43 61 31. Gute Stadtpläne werden an Zeitungskiosken und in Buchhandlungen verkauft.

Flughafen

Aéroport de Marrakech-Menara (RAK), 6 km südwestlich von Marrakesch, nur per Taxi zu erreichen, Tel. 024 44 79 10. – Royal Air Maroc, 197 Av. Mohammed V., Marrakesch, Tel. 024 42 55 00, Fax 024 44 60 02

Öffentliche Verkehrsmittel

Bahnhof: Av. de la Marche Verte, Guéliz, Marrakesch, Info-Tel. 090 20 30 40

Busbahnhof: Pl. Doukkala (Bab Doukkala), Marrakesch, CTM Info-Tel. 022 43 82 82

Hotels

TOP TIPP

*******Mamounia**, Av. Bab el-Djedid, Marrakesch, Tel. 024 38 86 00, Fax 024 44 46 60, www.mamounia.com. Nach einer umfassenden Renovierung soll die Anlage 2008 wieder eröffnet werden. Mit seiner prunkvollen maurischen Architektur und seinem großen Garten ist das Luxushotel ein beliebtes Ziel, und sei es auch nur für einen Kaffee auf der Terrasse am Pool.

*****Palmeraie, Golf Palace, Circuit de la Palmeraie, Marrakesch, Tel. 024 36 87 22, Fax 024 30 50 50, www.pgp.co.ma. Neuere Anlage mit Swimmingpool und Sportplätzen.

****Nassim, Bd. Mohammed V, Guéliz, Marrakesch, Tel. 024 44 64 01, Fax 024 43 6710, htlnassim@cybernet.net.ma. Im Zentrum der Neustadt gelegenes Hotel mit Restaurant, Bar und Swimmingpool.

****Tichka Salam, Semlalia (an der Straße Marrakesch–Casablanca), Tel. 024 44 87 10, Fax 024 44 86 91, resa.melia.tichka@iam.net.ma. Schönes Hotel mit prächtiger maurischer Einrichtung.

***Ibis-Moussafir, Av. Hassan II., Place de la Gare, Marrakesch, Tel. 024 43 59 29, Fax 024 43 59 36, www.ibishotel.com. Kleines Hotel am Bahnhof.

**Islane, 279 Av. Mohammed V., Marrakesch, Tel. 024 44 00 83, Fax 024 44 00 85. Vom Dachterrassenrestaurant dieses angenehmen Hotels bietet sich ein wunderschöner Blick auf die Koutoubia.

**De Foucauld, Av. el-Mouahidine/Bab Agnaou, Marrakesch, Tel. 024 44 54 99, Fax 024 4413 44. Nettes kleines Hotel mit gutem Terrassenrestaurant.

Restaurants

Al-Baraka, 1 Place Djemaa el-Fna, Marrakesch, Tel. 024 44 23 41. Sehr gute marokkanische Küche. Daneben werden jeden Abend andalusische Musik und orientalischer Tanz geboten.

Dar Mimoun, Riad Zeitun-el-Kedim, 1 Derb Ben-Amrane, Marrakesch, Tel. 024 44 33 48. Gute marokkanische Küche in einem ehem. Fürstenpalast nahe des Djemaa el-Fna. Im Winter im geschlossenen Salon reservieren.

TOP TIPP **Rôtisserie de la Paix**, Guéliz, 69 Rue Yougoslavie, Marrakesch, Tel. 024 43 31 18, www.restaurant-diaffa.ma . In einem subtropischen Garten wird gute marokkanische und französische Küche serviert.

36 Tinmal

Von diesem bedeutsamen Ort nahm im 12. Jh. die almohadische Eroberung Marokkos ihren Ausgang.

Bei einer Fahrt von Marrakesch nach Taroudannt passiert man etwa 30 km

Prototyp almohadischer Gebetsstätten – Überreste der Moschee von Tinmal im Hohen Atlas

nordöstlich des *Tizi-n-Test-Passes* einen historisch bedeutsamen Ort: Inmitten einer zauberhaften Berglandschaft liegt auf 1200 m Höhe die Ruine der almohadischen **Moschee von Tinmal**.

1125 zog sich der Theologe Ibn Toumert nach Tinmal zurück und predigte dort einen strengen Islam. Die ansässigen Masmouda-Berber verehrten ihn als Mahdi (Erlöser). Seine Anhänger, die Al-Muwahidun (Bekenner der Einheit Gottes) führten unter der Leitung des Abd el-Moumen (1133–63) einen Heiligen Krieg gegen die Almoraviden und eroberten nach und nach ganz Marokko und Teile Spaniens.

Die 1153/54 unter dem mächtigen Almohaden-Sultan errichtete Moschee von Tinmal ist der **Prototyp almohadischer Gebetsstätten**, der seine klassische Ausformung in der Koutoubia von Marrakesch fand [s. S. 96]. Nach dem Niedergang der Berberdynastie verfiel die Moschee. Ihre beeindruckende Ruine mit festungsartigen Außenmauern und Teilen des Gebetssaals kann seit der umfassenden Restaurierung 1991 auch von Andersgläubigen besichtigt werden. Eine Besonderheit stellt das niedrige quadratische Minarett dar, das sich, einzigartig für marokkanische Moscheen, über dem Mihrab an der Qibla-Wand erhebt.

Kurz hinter Tinmal beginnt der Tizi-n-Test, die enge Straße schlängelt sich kurvenreich hinauf auf 2092 m. Von der Passhöhe aus überblickt man das sich zwischen dem Hohen Atlas und dem Antiatlas erstreckende Sous-Tal.

37 Taroudannt

Das malerische ›Klein-Marrakesch‹ beeindruckt durch seine mächtige Stadtmauer und eine schöne Medina.

Von Oliven- und Orangenplantagen umgeben, erstreckt sich der bedeutendste Ort der *Sous-Ebene* am Ufer des gleichnamigen Flusses vor dem Panorama des Hohen Atlas. Der Aufstieg von Taroudannt ist eng mit jenem der **Saadier** verbunden, die die Stadt zwischen 1520 und 1540 kurzzeitig zu ihrer **Residenz** machten und von hier aus das gesamte Land eroberten. Ihre größte Blüte erlebte die Stadt jedoch im 17. Jh., als sie nach der saaditischen Eroberung Timbuktus durch den *transsaharischen Karawanenhandel* Reichtümer anhäufte. Gut 100 Jahre später ließ Alaouiten-Sultan Moulay Ismail die Stadt zerstören, weite Teile der Bevölkerung fanden damals den Tod. Zu Be-

Trutzig und uneinnehmbar wirkt die Stadtmauer von Taroudannt vor der Kulisse des Hohen Atlas

Nach erfolgreichem Einkauf auf dem Weg nach Hause – Wochenmarkt in Taroudannt

ginn des 20. Jh. rückte Taroudannt noch einmal für kurze Zeit ins öffentliche Blickfeld, als der aus der Westsahara stammende *El-Hiba* von hier aus Marrakesch eroberte und sich zum Sultan ausrufen ließ. 1917 marschierten die Franzosen in Taroudannt ein.

Taroudannt (65 000 Einw.) wird aufgrund seiner Lage vor der Kulisse des Hohen Atlas und seiner mächtigen Stadtmauer auch *›Klein-Marrakesch‹* genannt. Die noch heute fast die gesamte Stadt umgebende **Lehmmauer** wurde Anfang des 18. Jh. angelegt und besitzt fünf Tore und zahlreiche Türme. Dank regelmäßiger Restaurierung ist sie bis heute recht gut erhalten. Von der Terrasse des frei zugänglichen **Bab el-Kasbah** aus ist der Blick auf die Befestigungsanlage eindrucksvoll, besonders in den Wintermonaten, wenn im Hintergrund die schneebedeckten Gipfel des Hohen Atlas emporragen.

Vom Bab el-Kasbah führt die breite Hauptstraße direkt in die Medina, zur arkadengesäumten *Place Assarag*. Hier befinden sich der Busbahnhof sowie etliche einfache Hotels und Restaurants. Hinter dem Platz beginnen die **Souks**. Taroudannt hat sich in den letzten Jahren zu einem beliebten Ausflugsziel entwickelt. Besonders an den Markttagen Donnerstag, Samstag und Sonntag wird die Stadt von Bewohnern der umliegenden Ortschaften und Touristen aus den nahen Ferienzentren bevölkert.

i Praktische Hinweise

Öffentliche Verkehrsmittel

Bus- und Taxibahnhof: Place Assarag, am Bab Zougan, Taroudannt, CTM Info-Tel. 022 43 82 82

Hotels

*******La Gazelle d'Or**, 2 km südwestlich von Taroudannt, Tel. 028 85 20 39, Fax 028 85 27 37, www.gazelledor.com. Eines der exklusivsten und teuersten Hotels Marokkos in der ehem. Residenz eines belgischen Barons aus der Mitte des 20. Jh. Die Gäste logieren in Bungalows, die verstreut in einem großen Park liegen.

******Palais Salam**, an der Stadtmauer, Taroudannt, Tel. 028 85 21 30, Fax 028 85 26 54, palsalam@menara.ma. Sehr schöne Hotelanlage, bestehend aus einem ehem. Palast und einem modernen Trakt. Hervorragendes Restaurant.

****Saadiens**, Borj Oumansour, Taroudannt, Tel. 028 85 25 89, Fax 028 85 21 18. Gutes Hotel im Herzen der Altstadt mit Swimmingpool im Innenhof.

***Taroudannt**, Place Assarag, Taroudannt, Tel. 028 85 24 16, Fax 028 85 15 53. Einfaches Hotel mit gutem marokkanischen Restaurant.

Eine der besten Adressen in Taroudannt ist das luxuriöse Palais Salam

Der Südwesten – von der Atlantikküste in die Wüste

Die Fahrt von der Wirtschaftsmetropole **Casablanca** entlang der *Atlantikküste* führt über sehenswerte Hafenstädte nach **Agadir**. Dem weltbekannten Badeort verdankt auch die Region südlich von Agadir, etwas abseits der kulturellen Highlights des Landes gelegen, die Entwicklung eines recht einträglichen Tourismus. Ganze Busladungen machen sich auf den Weg in den *Antiatlas* oder die *Vorsahara*, nach **Tafraoute**, einem faszinierenden Bergdorf, das von bizarren Granitfelsen überragt wird, oder nach **Guelmim**, einem Marktort am Rand der Wüste. Wer noch weiter nach Süden will, betritt hinter Tarfaya umstrittenes Gebiet. 1975 überschritten 350 000 Marokkaner beim ›Grünen Marsch‹ die Grenze zur **Westsahara**. In den nächsten Jahren soll **Laâyoune**, die Hauptstadt der Region, zu einem Badeparadies ausgebaut werden. Lange Sandstrände sind bereits vorhanden.

38 Casablanca

Plan Seite 110

Mit der zweitgrößten Moschee des Islam setzte sich König Hassan II. ein gigantisches Denkmal.

Die moderne Wirtschaftsmetropole Casablanca (2,9 Mio. Einw.) – bedeutende Monumente aus vergangenen Zeiten sind Mangelware – wurde früher von vielen Reisenden ausgespart. Das hat sich geändert, seit sich auf einer Terrasse am Atlantikufer eine der größten Moscheen des Islam erhebt – und sogar von Andersgläubigen besichtigt werden kann.

Geschichte Die seit dem 8. Jh. auf dem Gebiet des heutigen Casablanca nachweisbare Siedlung *Anfa* war Hauptort des **Berberreichs der Berghouta**, bevor sie im 12. Jh. von den Almohaden erobert wurde. In den folgenden Jahrhunderten entwickelte sie sich zu einem wichtigen Umschlagplatz für Getreide, gleichzeitig aber auch zu einem gefürchteten **Seeräubernest**. Daraufhin versuchten die Portugiesen Ende des 15./Anfang des 16. Jh. wiederholt, Anfa einzunehmen. 1575 schließlich waren ihre Angriffsbemühungen von Erfolg gekrönt, sie zerstörten das Städtchen und gründeten *Casa Branca*. Nachdem ein schweres Erdbeben 1755 das ›Weiße Haus‹ verwüstet hatte, wurde es nur wenige Jahre später unter dem selben Namen, arabisch **Dar el-Beida**, von Alaouiten-Sultan *Sidi Mohammed Ben Abdallah* wieder aufgebaut. Mitte des 19. Jh. schließlich ließen sich spanische Händler in der Stadt nieder und nannten sie *Casablanca*. Bis zum Anfang des 20. Jh. erlebte die Stadt einen neuen wirtschaftlichen Aufschwung. Casablanca löste Tanger als wichtigsten Hafen Marokkos ab und wurde in der Zeit

◁ *Beeindruckende Raumwirkung in der monumentalen Moschee Hassan II. in Casablanca*

»Spiel's noch einmal Sam« – Erinnerungen an den Film ›Casablanca‹ werden wach

des *französischen Protektorats* zum **Wirtschaftszentrum** des Landes ausgebaut. Das nun einsetzende rasche industrielle Wachstum prägt die Entwicklung Casablancas bis heute, etwa 80 % der marokkanischen Industrie sind hier angesiedelt. Die Einwohnerzahl dieses bedeutenden Wirtschaftsstandorts ist inzwischen auf über 3,8 Mio. angestiegen.

Traurige Berühmtheit erlangte Casablanca, als sich hier am 16. Mai 2003 an fünf Orten gleichzeitig zwölf radikal-islamistisch motivierte Selbstmordattentäter in die Luft sprengten. Sie rissen 28 Menschen mit in den Tod, mehr als 100 wurden verletzt. Die Anschläge riefen in ganz Marokko in allen Bevölkerungsteilen Erschütterung und Bestürzung hervor, immerhin genießt die marokkanische Gesellschaft international einen guten Ruf als eine der tolerantesten innerhalb der islamischen Welt.

Besichtigung Seit 1993 schmückt sich Casablanca, die ansonsten etwas gesichtslose Metropole, mit einem am Atlantikufer gelegenen, weithin sichtbaren Wahrzeichen, der nach dem marokkanischen König benannten **Grande Mosquée Hassan II.** 1 (Boulevard Sidi Mohammed Ben Abdallah, Führungen tgl. außer Fr 9, 10, 11 und 14 Uhr). In ihrem Ge-

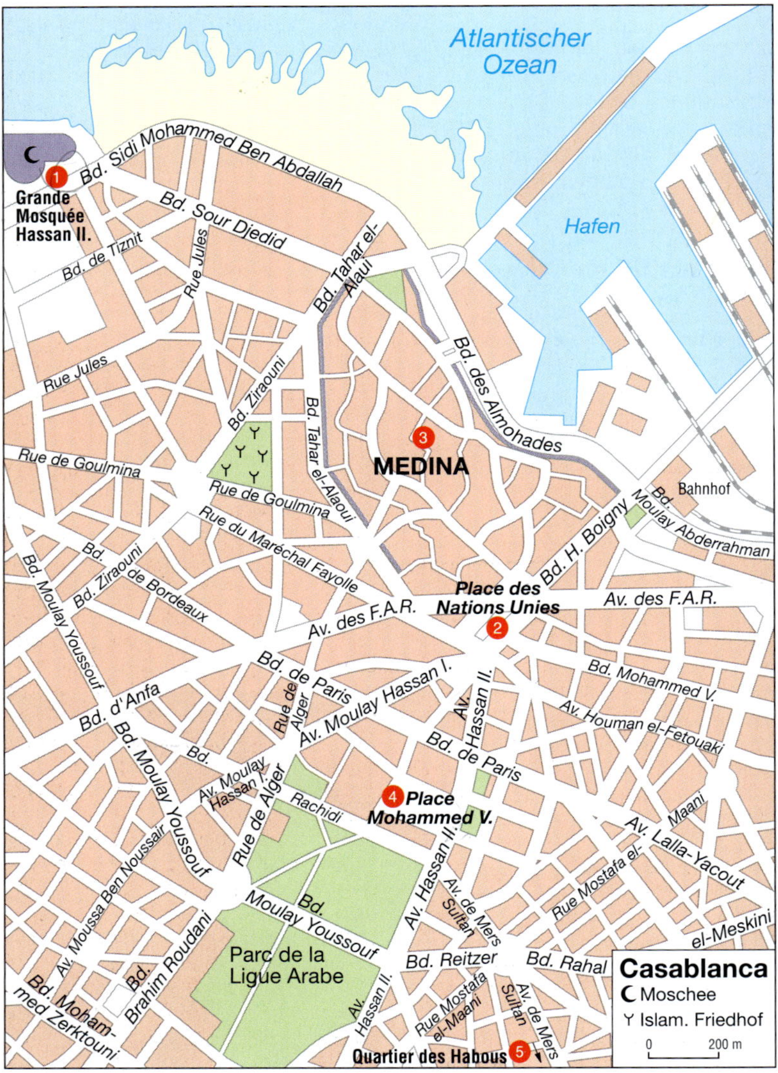

Bauwerk der Superlative – Hassan II. setzte sich mit der Errichtung der nach ihm benannten Moschee ein großartiges Denkmal

betssaal finden mehr als 20 000 Gläubige Platz und sie gehört, wie die noch etwas größere Moschee in der heiligen Stadt Mekka, zu den fünf größten Moscheen der Welt. Zur Freude der ausländischen Touristen kann dieses *Bauwerk der Superlative* auch von Nichtmuslimen besucht werden.

Das quadratische gigantische **Minarett** ragt 200 m in die Höhe, damit ist die Moschee der weltweit höchste Sakralbau. Von der Minarettspitze weist ein 30 km langer Laserstrahl gen Mekka. Und wenn es nicht gerade regnet, ist das Schiebedach innerhalb von drei Minuten geöffnet. Zu dem Gebäudekomplex gehören eine *Medersa*, mehrere *Hammams* und eine *Bibliothek*. Unnötig zu erwähnen, dass es sich hierbei nach eigenem Bekunden um die größte und umfangreichste des islamischen Raums handelt.

An der zentralen **Place des Nations Unies** 2 vorbei gelangt man in die nordwestlich gelegene **Medina** 3 – eingekeilt zwischen den modernen Bürobauten der Neustadt. Außer Teilen der Stadtmauer aus dem 16. Jh. ist jedoch kaum noch Altes erhalten. Fans des Kultfilms ›Casablanca‹ können sich allerdings in dem 2004 eröffneten *Rick's Café* [s. S. 113] nostalgischen Träumereien hingeben. Doch mit der Stadt Casablanca hat dies recht wenig zu tun, denn der Filmklassiker entstand 1942 ausschließlich in den Studios von Hollywood.

Um die großzügig gestaltete **Place Mohammed V.** 4 mit Springbrunnen und Gartenanlagen gruppieren sich wichtige Verwaltungsgebäude wie *Justizpalast*, *Hauptpost* und *Rathaus*. Von dessen ca. 50 m hohem Turm kann man einen Rundblick über die ganze Stadt bis nach Mohammedia genießen. In südwestlicher Richtung gelangt man über die Avenue Hassan II. zu dem schön angelegten Parc de la Ligue Arabe. Südlich der Place Mohammed V. führen die Avenue de Mers Sultan und die Rue Hadj Amar Riffi in südöstlicher Richtung zum **Königspalast**, der der Öffentlichkeit nicht zugänglich ist. Hinter dem Palastviertel erstreckt sich die **Nouvelle Médina**, die arabische Neustadt. In dem im ersten Drittel des 20. Jh. entstandenen **Quartier des Habous** 5 stehen interessante Häuser, die eine gelungene Mischung aus traditioneller und moderner Architektur repräsentieren. Besonders hübsch ist die **Place Moulay Youssouf** an der Moschee gleichen Namens. Eine kleine Straße führt von

Kunstvolle Koranunterweisung an den Wänden der marokkanischen Sakralbauten

Der Islam: Wissenswerte Daten und Fakten auf einen Blick

Der Islam entstand im 7. Jh. n. Chr. als jüngste der **drei großen monotheistischen Weltreligionen** auf der Arabischen Halbinsel. Begründet wurde er von **Mohammed** (ca. 570–632), einem Kaufmann aus Mekka, dem der Erzengel Gabriel die göttliche Botschaft verkündete. Diese Offenbarungen wurden nach dem Tod des Propheten im **Koran**, dem **heiligen Buch der Muslime**, zusammengefasst. Als die Einwohner von Mekka – größtenteils Anhänger einer polytheistischen Religion – den neuen Glauben nicht annehmen wollten, wanderte Mohammed im Jahr 622 nach Medina aus. Diese Emigration (**Hidjra**) markiert den Beginn der **islamischen Zeitrechnung**. Einige Jahre später kehrte Mohammed mit einer großen Armee nach Mekka zurück und konnte die Stadt kampflos einnehmen. Nachdem ihm im zweiten Anlauf die Bekehrung der Einwohner geglückt war, machte er die **Kaaba**, das ›Haus Gottes‹ und laut Koran eine Gründung Abrahams, des ersten Verkünders der monotheistischen Lehre, zum **wichtigsten Heiligtum** des Islam.

Der Islam sieht sich in der Tradition von **Juden- und Christentum**, lehnt aber die christliche ›Dreifaltigkeit Gottes‹ als eine Art Polytheismus ebenso ab wie den Glauben an Jesus als Gottes Sohn. Da Mohammed der letzte in einer Reihe von jüdisch-christlichen Propheten von Abraham bis Jesus ist, betrachtet sich der Islam als die endgültige Form der monotheistischen Lehre.

Kernstück des neuen Glaubens waren die **›fünf Säulen‹**, fünf religiöse Pflichten, die der Koran seinen Gläubigen auferlegt: das **Bekenntnis** zu dem einen Gott und zu Mohammed, seinem Propheten (Schahada), das fünfmal täglich Richtung Mekka zu verrichtende **Gebet** (Salat), das im Monat Ramadan von Sonnenaufgang bis Sonnenuntergang einzuhaltende **Fasten** (Saum), die **Almosengabe** an Bedürftige (Zaqqat) und die **Pilgerfahrt nach Mekka** (Hadsch), sofern Gesundheit und wirtschaftliche Verhältnisse dies erlauben.

Von Mekka breitete sich die neue Religion in Windeseile aus. Als Mohammed im Jahr 632 starb, war fast die gesamte Arabische Halbinsel für den Islam gewonnen, rund 100 Jahre später standen die Omaijaden bereits vor den Toren des heutigen Marokko.

diesem Platz nach Westen zur belebten **Place Mosquée Mohammadi**, einem der schönsten Flecken der Stadt, der sich mit seinen Brunnen, Bäumen und Bänken für eine Ruhepause anbietet. Nördlich davon erhebt sich die beeindruckende **Mahkama** (ehem. Gerichtshof des Paschas in der Zeit des Protektorats). Der Palast wurde um 1940 im maurischen Stil errichtet und besitzt schöne Innenhöfe.

i Praktische Hinweise

Information

Office National Marocain du Tourisme, 55 Rue Omar Slaoui, Casablanca, Tel. 022 27 95 33. – **Syndicat d'Initiative**, 98 Bd. Mohammed V., Casablanca, Tel. 022 22 15 24

Flughafen

Aéroport de Casablanca Mohammed V (CMN), 34 km außerhalb der Stadt. Im Stundentakt verkehren Züge zwischen Flughafen und den beiden Bahnhöfen (6–21 Uhr). Flughafen-Info, Tel. 022 53 90 40. – Royal Air Maroc, 44 Av. des F.A.R., Casablanca, Tel. 022 48 97 02

Öffentliche Verkehrsmittel

Bahnhöfe: Casa-Port (am Hafen), Casablanca; Casa-Voyageur (Hauptbahnhof), Casablanca, Info-Tel. 090 20 30 40

Busbahnhöfe: CTM, 23 Rue Léon l'Africain, Casablanca, CTM Info-Tel. 022 43 82 82; Gare Routière Ouled Ziane, 4 km außerhalb vom Zentrum, Casablanca

Hotels

*****Casablanca Plaza**, Rond Point Hassan II., Casablanca, Tel. 022 48 80 00, Fax 022 29 30 35. Von der Dachterrasse, mit schönem Pool, hat man eine beeindruckende Aussicht auf Casablanca.

*****Hyatt Regency**, Pl. des Nations Unies, Casablanca, Tel. 022 43 12 34, Fax 022 43 13 34, www.casablanca.hyatt.com. Modernes Hotel im Zentrum von Casablanca. Restaurant und Bar lohnen einen Besuch.

*****Riad Salam**, Bd. de la Corniche, Casablanca, Tel. 022 39 13 13, Fax 022 39 13 45. Schön eingerichtetes Hotel, im traditionellen Hammam kann man orientalischen Lebensstil genießen.

*****Royal Mansour-Meridien**, 27 Av. des F.A.R., Casablanca, Tel. 022 31 30 11, Fax 022 31 25 83, www.starwoodhotels.com. Modernes, zentral gelegenes Hotel mit geschmackvoller Einrichtung und zauberhaftem Wintergarten.

****Hotel Rivoli**, 44 Bd. d'Anfa, Casablanca, Tel. 022 43 47 00, Fax 022 22 06 17, www.hotelrivolicasablanca.com. Modernes Hotel mit geräumigen Zimmern. Von den oberen Etagen herrliche Aussicht auf die Große Moschee Hassan II.

***Ibis-Moussafir**, Av. Bahmad (Gare Voyageur), Casablanca, Tel. 022 40 19 84, Fax 022 40 07 99, www.ibishotel.com. Zentral, am Bahnhof.

Restaurants

Al-Hattab-Restaurant, 17 Bd. Sidi Mohammed Ben Abdallah, Casablanca, Tel. 022 22 57 67. Günstige orientalische Gerichte sowie Pizza gleich neben der Moschee Hassan II.

Al-Mounia, 95 Rue du Prince Moulay Abdallah, Casablanca, Tel. 022 22 26 69. Liebevoll zubereitete marokkanische Spezialitäten in einem maurischen Palast.

Imilchil, 27 Rue Vizir Tazi, Casablanca, Tel. 022 22 09 99. In einem mit Zellij- und Stuckdekorationen ausgeschmückten Salon genießt man marokkanische Spezialitäten wie Couscous und Tajine.

La Taverne du Dauphin, 115 Bd. Félix Houphouët Boigny, Casablanca, Tel. 022 22 12 00. Gutes Lokal der mittleren Preisklasse. Französische und marokkanische Spezialitäten (So geschl.).

Rick's Café, 248 Bd. Sour Jdid, Casablanca, Tel. 022 27 42 07. Die Kulisse des Hollywood-Klassikers ›Casablanca‹ war Vorbild für dieses 2004 eröffnete Restaurant.

39 El-Jadida

Die Cité Portugaise sowie die Zisterne machen El-Jadida zu einer der sehenswertesten Städte der Westküste.

1502 errichteten die Portugiesen beim heutigen El-Jadida eine erste Festung – vermutlich am Ort des phönizisch-karthagischen Rusibis, dessen genaue Lage unbekannt ist. Die Siedlung Mazagão entwickelte sich in den folgenden Jahren zur wichtigsten **portugiesischen Niederlassung** am Atlantik. Aus den Ruinen der während der marokkanischen Rückeroberung 1769 zerstörten Stadt erstand 1815 *El-Jadida*, die Neue. Nur sechs Jahre später wurden Juden aus dem nahe gelegenen Azemmour hier angesiedelt. Während des französischen Protektorats stieg der modernisierte Hafen zu einem bedeutenden Handelsplatz auf. Mit der Gründung des 17 km südlich am Cap Blanc gelegenen Hafens von *Jorf Lasfar* erfuhr die Stadt in den 1980er-Jahren einen neuerlichen wirtschaftlichen Aufschwung. Heute ist El-Jadida (160 000 Einw.) Provinzhauptstadt, die Überreste der alten portugiesischen Stadt aber erhob die UNESCO 2004 zum bislang jüngsten marokkanischen *Weltkulturerbe*.

Die **Medina** von El-Jadida wird vollständig von einer begehbaren Stadtmauer umgeben. Ein Rundgang führt vom Eingangstor über die vier Bastionen um die gesamte, in portugiesischer Zeit angelegte und im 19. Jh. erneuerte Festung herum. Obwohl große Teile der **Cité Portugaise** im Zuge der arabischen Eroberung zerstört wurden, sind vereinzelt noch weiß gekalkte Gebäude im portugiesischen Stil zu entdecken, ebenso wie die alten, nicht mehr genutzten Kirchen.

Hinter dem Eingangstor der Stadtmauer führt die Hauptstraße *Rue Mohammed el-Hachmi Bahbah* an einem großen **Minarett** vorbei. Hier wurde ein ehem. portugiesischer Wachturm zum Symbol des ›Sieges des Islam‹ und mit dem in Marokko üblichen quadratischen Türmchen gekrönt.

Ebenfalls an der Hauptstraße liegt die erst 1917 wieder entdeckte **Citerne Portugaise** (tgl. 9–13 und 15–18 Uhr). Die im 16. Jh. angelegte unterirdische Zisterne mit den Ausmaßen 33 x 34 m diente den Portugiesen erst als Warenlager, später als Wasserspeicher. Einfallendes Licht sorgt dafür, dass sich die mächtigen Pfeiler und das spätgotische Kreuzrippengewölbe stimmungsvoll im Wasser spiegeln.

Praktische Hinweise

Information

Office National Marocain du Tourisme, 20 Av. Al Mokaouama, El-Jadida, Tel. 023 34 47 88. – **Syndicat d'Initiative**, 33 Place Mohammed V., El-Jadida

Hotels

******Sofitel Royal Golf**, km 7, an der Straße nach Casablanca, El-Jadida, Tel. 023 37 91 00, Fax 023 35 34 73, www.sofitel.com. Großzügige Anlage mit Restaurants und Sportmöglichkeiten.

*****Le Palais Andalous**, Ecke Rue Curie und Av. Pasteur, El-Jadida, Tel. 023 34 37 45, Fax 023 35 16 90. Schönes, in einem ehem. Palast untergebrachtes Hotel.

Restaurant

La Belle Vue, Av. Mohammed V, El-Jadida, Tel. 023 34 41 37. Gutes marokkanisches Restaurant im 5. Stock eines modernes Hauses.

Spiegelbild – in der beeindruckenden Zisterne von El-Jadida, von den Portugiesen im 16. Jh. angelegt, sammelt sich noch immer das Regenwasser

40 Safi

Architektonische Überreste aus portugiesischer Zeit und ein malerisches Töpferviertel.

Mitte des 15. Jh. gründeten die Portugiesen eine *Handelsniederlassung* als Zwischenstation auf ihrem Weg nach Schwarzafrika. Aufgrund wiederholter Berberangriffe in der ersten Hälfte des 16. Jh. gaben sie den Ort jedoch schon bald wieder auf. Als Handelsstadt war Safi weiterhin von Bedeutung, im 17. Jh. bestanden rege Kontakte nach Europa. Heute ist Safi (300 000 Einw.) nach Casablanca der wichtigste *Hafen* und *Industriestandort* Marokkos.

Außerhalb der Altstadtmauern, westlich der Place de l'Indépendance, entstand im 16. Jh. die portugiesische Festung **Kasr el-Bahar** (tgl. 8.30–12 und 14.30–18 Uhr). Vom südlichen Turm dieses ›Meeresschlosses‹ aus bietet sich ein schöner Altstadtblick.

Im Zentrum von Safi hat sich die kleine sehenswerte Altstadt gegen die modernen Stadtviertel und Fabrikgebäude behaupten können. Am nördlichen Ende der am Meer gelegenen *Place de l'Indépendance* befindet sich der Eingang zu dieser in portugiesischer Zeit errichteten **Medina**. Das *Bab Chaâba* lädt zu einem Bummel durch die teilweise überwölbten Gassen ein. Über die Rue du Souk erreicht man die **Grande Mosquée**, die sich an der Stelle der alten portugiesischen Kathedrale aus dem 16. Jh. erhebt. Im Süden blieb der Chor des christlichen Sakralbaus erhalten, die **Chapelle Portugaise** (tgl. 8.30–12 und 14.30–18 Uhr). Am östlichen Rand der Altstadt liegt die ebenfalls aus portugiesischer Zeit stammende, imposante **Borj ed-Dar** (tgl. 9–12 und 15–18 Uhr), ›Festung der Residenz‹, die auch *Kechla* genannt wird. Innerhalb der starken Mauern befinden sich eine kleine Moschee und der Palast Dar el-Makhzen. Letzterer beherbergt heute das **Musée National de Céramique** (Mi–Mo 9–18 Uhr) mit Exponaten traditioneller Keramik aus Safi, Fes und Meknes sowie den Werken des Keramikkünstlers Boudjema Lamali. Von einer Terrasse ergibt sich ein schöner Blick auf die Altstadt. Verlässt man die Medina durch das Bab Chaâba, hat man es nicht weit zu der kleinen Anhöhe *Colline des Potiers*, auf der das **Töpferviertel** liegt. Hier kann man den Handwerkern beim Formen und

Im Töpferviertel von Safi kann man archaische Brennmethoden beobachten

Brennen zuschauen, die neben Gebrauchskeramik auch die grünen Dachziegel herstellen, die Moscheen, Medersen und Königspaläste decken. Die Töpferwaren werden hier wesentlich günstiger und in größerer Auswahl angeboten als im übrigen Land.

i Praktische Hinweise

Information

Délégation Provinciale du Tourisme, 26 Rue Imam Malek (neben Kasr el-Bahar), Safi, Tel. 024 62 24 96, Fax 024 62 45 53

Öffentliche Verkehrsmittel

Bahnhof: Rue de Rabat (im Süden), Safi, Info-Tel. 090 20 30 40

Busbahnhof: Av. de la Mecque (am Krankenhaus im Süden der Stadt), Safi, CTM Info-Tel. 022 43 82 82

Hotels

*****Golden Tulip Farah**, Av. Zerktouni, Safi, Tel. 024 46 42 99, Fax 024 46 45 73, www.goldentulipfarahsafi.com. Luxushotel mit herrlichem Blick über die Altstadt und das Meer.

****Assif**, Av. de la Liberté, Safi, Tel. 024 62 29 40, Fax 024 62 18 62. Angenehmes Hotel mit freundlichem Service.

****Atlantide**, 58 Rue Chaouki, Safi, Tel. 024 46 21 60, Fax 024 46 45 95. Schönes altmodisches Hotel mit großen Zimmern.

41 Essaouira

TOP TIPP *Die Hafenstadt mit ihrer schönen Medina und dem langen Sandstrand bietet sich als Ferienziel an.*

Die Hafenstadt Essaouira (70 000 Einw.) zählt durch ihre vollständig erhaltene Medina und die langen Sandstrände zu den schönsten Orten am Atlantik.

Die der Küste vorgelagerten Inseln Îles Purpuraires waren vermutlich bereits in phönizischer Zeit besiedelt. Benannt sind sie nach den Purpurmanufakturen, die in der Zeit von **Juba II.** [s. S. 12] erwähnt werden. Auf dem Festland legte 1506 der portugiesische König Manuel die **Festung Mogador** an. 1765 wurde Essaouira unter Mitwirkung des französischen Festungsarchitekten *Théodore Cornut* als Konkurrenzhafen zu Agadir und Salé für den Handel mit Produkten aus Afrika erweitert.

Die **Medina** von Essaouira ist noch vollständig von einem stark befestigten Schutzwall umgeben. Hinter den zinnenbekrönten Mauern verbirgt sich eine **rechtwinklige Anlage** – ganz ungewöhnlich für eine orientalische Altstadt. Daher wurde sie auch 2001 in die UNESCO-Liste der *Weltkulturgüter* aufgenommen. Von der Neustadt kommend, betritt man das alte Viertel durch das *Bab Doukkala*. Die Hauptachse der Medina, bestehend aus Rue Mohammed Zerktouni, Avenue de l'Istiqlal und Avenue Okba Ben Nafi, führt direkt zum Hafengelände. Wo die Rue Mohammed Zerktouni auf die Rue Mohammed el-Gorry trifft, befindet sich das Zentrum der **Souks**. Ein Spaziergang durch die Gassen führt an weißen Häusern mit blauen Türen und Fensterläden vorbei, die südeuropäischen Einflüsse sind nicht zu übersehen.

Am **Fischereihafen**, den man durch die 1769 erbaute *Porte de la Marine* erreicht, kann man sich in einfachen Freiluftrestaurants frischen Fisch zubereiten lassen. Außerdem lohnt ein Blick in die nahegelegene Markthalle, wo es während der Fischauktion (Mo–Sa 15–17 Uhr) besonders lebhaft zugeht. Nördlich des Hafens öffnet sich die große *Place Moulay el-Hassan*. Hier laden Straßencafés zu einer kleinen Pause ein. Von der nördlichen Ecke führt eine überwölbte Gasse zur TOP TIPP **Skala de la Kasbah**, der Festungsmauer der Altstadt. Vom nördlichen Turm hat man Hafen, Meer und Altstadt bestens im Blick. In den ehem. Festungsanlagen sind heute Holzwerkstätten untergebracht. Die Holzprodukte aus Essaouira, kunstvolle *Einlegearbeiten*, werden im ganzen Land geschätzt, inzwischen natürlich auch von den zahlreichen ausländischen Touristen. Ganz in der Nähe, in der Rue Laalouj, liegt das nach umfassender Restaurierung wieder eröffnete **Musée Sidi Mohammed Ben Abdallah** (Tel. 024 47 53 00, Mi–Mo 9–18 Uhr), das eine sehenswerte Sammlung marokkanischen Kunsthandwerks besitzt: Musikinstrumente, Teppiche, Waffen, Silberschmuck, Trachten.

Der etwa 6 km lange **Strand**, der in den Sommermonaten vor allem von marokkanischen Urlaubern bevölkert wird, beginnt östlich des Hafens. Aufgrund der kräftigen Winde wird die Bucht besonders von Surfern geschätzt.

Essaouira besitzt einen der bedeutendsten Fischereihäfen der Atlantikküste

Essaouira, weiße Stadt am stürmisch anbrandenden Meer

Praktische Hinweise

Information

Syndicat d'Initiative, 10 Rue du Caire (im südlichen Tor), Essaouira, Tel. 024 78 35 32, Fax 024 78 35 30, www.essaouira.com

Öffentliche Verkehrsmittel

Bus- und Taxibahnhof: Place Moulay Hassan (ca. 1 km östlich vom Bab Doukkala in der Neustadt), Essaouira, CTM Info-Tel. 022 43 82 82

Hotels

*****__Sofitel Thalassa Mogador__, Bd. Mohammed V., Essaouira, Tel. 024 47 90 00, Fax 024 47 90 80, www.sofitel.com. Schönes modernes Luxushotel, nur wenige Schritte vom Strand entfernt. Neben zeitgemäßen Zimmern werden hier eine sehr gute Küche und Wellness mit Thalassotherapie geboten.

***__Emeraude Hotel__, 228 Rue Chbanate, Essaouira, Tel./Fax 024 47 34 94. Kleines Hotel mit 12 Zimmern. Von der Dachterrasse bietet sich ein schöner Blick über die Altstadt von Essaouira.

***__Villa Maroc__, 10 Rue Abdallah Ben Yassin, Essaouira, Tel. 024 47 61 47, Fax 024 47 58 06, www.villa-maroc.com. Schönes ruhiges Hotel im andalusischen Stil, mit hübschen Zimmern, Innenhof und Terrasse.

Restaurants

Chez Sam, am Hafen, Tel. 024 47 65 13. Köstliche Fischgerichte mit Blick auf den Fischerhafen.

La Petite Perle d'Essaouira, nahe dem Uhrturm, Essaouira, Tel. 024 47 50 50. Ausgezeichnete marokkanische Küche, Spezialität ist Fisch-Couscous.

42 Agadir

TOP TIPP *Ein Urlaub in Agadir verspricht sonnige Tage an langen Sandstränden.*

Dank seines günstigen Klimas – mehr als 300 Sonnentage im Jahr – hat sich der Badeort an der Atlantikküste mit seinen langen **Sandstränden** zum größten Touriszentrum Marokkos entwickelt.

Agadir wurde 1505 als kleines Fischerdorf gegründet und einige Jahre später vom portugiesischen König *Manuel* zu einem befestigten Hafen ausgebaut. Die Portugiesen konnten sich jedoch nicht lange halten, bereits 1541 eroberte der Saadier-Sultan *Mohammed esch-Scheikh* die Festung. Unter den Saadiern stieg die Stadt zu einem bedeutenden Handelszentrum auf. 1765 allerdings wurde der Hafen von Agadir zugunsten von Essaouira aufgegeben. Der Niedergang der Stadt konnte erst im Laufe des 19. Jh. gebremst werden. Nach der marokkanischen Unabhängigkeit erlebte Agadir als Badeort einen ungeahnten Aufschwung.

Nach dem verheerenden Erdbeben von 1960 musste Agadir komplett neu aufgebaut werden

Am 29. Februar 1960 vernichtete jedoch ein **verheerendes Erdbeben** die Stadt, 15 000 der rund 50 000 Einwohner wurden getötet. Hassan II. ließ in den folgenden Jahren eine neue, moderne Ansiedlung erbauen. Seither wächst sie unaufhörlich weiter. Ein Großteil der inzwischen 720 000 Einwohner lebt vom Tourismus. Daneben ist der Hafen von wirtschaftlicher Bedeutung. Auf dem Berg, der im Norden den Strand von Agadir dominiert, erhebt sich die Ruine der alten **Kasbah**, der beste Aussichtspunkt auf die Stadt, die Bucht und die Hafenanlagen. Im Süden erstreckt sich das Hotelviertel mit über 20 000 Hotelbetten.

Weitere 4 km südlich lohnt ein Besuch der **Médina d'Agadir** (Tel. 028 28 02 53,

›Allah, el-Watan, el-Malik‹ – ›Gott, die Heimat, der König‹: Selbst beim Baden in Agadir werden die Marokkaner an die drei Pfeiler des Landes erinnert

www.medinapolizzi.com, tgl. 9–18 Uhr, Shuttlebusse vom Bd. du 20 Août). In diesem mit alten Techniken nachgebauten Berberdorf tummeln sich Kunsthandwerker und Künstler. Leicht kann man mehrere Stunden damit verbringen, durch ihre Werkstätten und Ateliers zu schlendern und ihnen bei ihrer fingerfertigen Arbeit zuzusehen. Ein Café-Restaurant sorgt für die Erholung zwischendurch.

i Praktische Hinweise

Information

Office National Marocain du Tourisme, Bd. Mohammed V., Agadir, Tel. 028 84 63 77, Fax 028 84 63 78

Flughafen

Aéroport de Agadir Al-Massira, 28 km südöstlich von Agadir Richtung Taroudannt, nur per Grand Taxi zu erreichen, Tel. 028 83 91 12. – Royal Air Maroc, Rue Général Kettani, Agadir, Tel. 028 82 91 20

Allah, el-Watan, el-Malik

Ob im Hohen Atlas oder am Hang über dem Strand von Agadir – der Spruch ›Allah, el-Watan, el-Malik‹, **›Gott, die Heimat, der König‹**, mit überdimensionalen, steinernen Buchstaben geschrieben, ist in Marokko allgegenwärtig. Auch beim Sprung in die Fluten von Agadir sollen die Marokkaner daran erinnert werden, dass der Glaube an diese drei Mächte die Grundlage für das Funktionieren des Staates ist. Gleichzeitig sind dies aber auch drei Tabuthemen. Die Religion, das marokkanische Territorium (inklusive der Westsahara) und die Autorität des Herrschers sind keine Themen, über die man sich kritisch äußern sollte. Der **Islam** hat sich in 13 Jahrhunderten als unerlässliche verbindende Kraft bewährt. Beim **Grünen Marsch** überschritten 350 000 Marokkaner mit dem **Koran** in der Hand die Grenze zur damaligen spanischen Kolonie [s. S. 125]. Und der **König**, das geistliche und weltliche Oberhaupt der Marokkaner, trägt den Titel **Emir el-Mouminin**, Fürst der Gläubigen. Der neue ›König der Armen‹, Mohammed VI., hat zum Zeichen der Veränderung den Handkuss bei der Begrüßung des Herrschers abgeschafft.

Sehen und Gesehenwerden – Strandpromenade in Agadir kurz vor Sonnenuntergang

Öffentliche Verkehrsmittel

Bahnhof: Rue des Orangers, Agadir, Info-Tel. 090 20 30 40

Busbahnhof: Bd. Mohammed Cheikh Saâdi, Agadir. Verbindungen zu allen großen marokkanischen Städten sowie einigen europäischen Zentren. Gesellschaften: CTM Info-Tel. 022 43 82 82; SATAS, Tel. 028 84 24 70; Pullman du Sud, Tel. 028 84 60 40

Hotels

*******Kenzi Europa**, Bd. du 20 Août, Agadir, Tel. 028 82 12 12, Fax 028 82 34 35, www.kenzi-hotels.com. Angenehmes Luxushotel.

*******Royal Mirage Agadir**, Bd. Mohammed V, Agadir, Tel. 028 84 32 32, Fax 028 84 43 79, www.royalmiragehotels.com. Luxuriöses Hotel mit gutem Service. 100 m vom Strand entfernt gelegen.

******Amadil**, Route Oued Sous, Agadir, Tel. 028 82 93 00, Fax 028 84 22 48, www.hotelsatlas.com. Schönes Hotel mit einladendem Garten.

******Odyssee**, Bd. Mohammed V., Agadir, Tel. 028 84 33 26, Fax 028 84 12 47, www.hotel-odyssee-park.com. Gutes Hotel mit schönem Garten und Sportplätzen.

****Atlantic**, Av. Hassan II, Agadir, Tel. 028 84 36 61, Fax 028 84 36 60, www.atlantichotelagadir.com. Gutes, kleines, freundliches Hotel.

****Petite Suède**, Ecke Av. Hassan II und Av. Général Kettani, Agadir, Tel. 028 84 07 79, Fax 028 84 00 57. Freundliches und sauberes kleines Hotel.

43 Tafraoute und Umgebung

TOP TIPP *Rosa Granitfelsen, rote Häuser und grüne Palmen machen Tafraoute für viele zur schönsten Ortschaft im Antiatlas.*

Tafraoute (5000 Einw.), das Zentrum der *Ammeln*, eines Zweiges der *Chleuh-Berber*, liegt auf 1000 m Höhe in einer grandiosen Gebirgslandschaft im westlichen Antiatlas. Die Natur hat hier bizarre Felsen aus Granit geformt, die in der Sonne rosa schimmern. Der bekannteste von ihnen, der Chapeau de Napoléon, erhebt sich 2 km südlich der Stadt. Die rot getünchten Moscheen und Häuser von Tafraoute fügen sich harmonisch in die Landschaft ein und bilden zusammen mit den grünen Palmen ein wahrhaft grandioses Panorama, das noch mehr bezaubert, wenn im Februar die Mandelbäume blühen (*Fest der Mandelblüte*). Neubauten jedoch verändern allmählich das Stadtbild.

Die Umgebung von Tafraoute lädt zu interessanten Ausflügen ein. Eine Wanderung durch die Granitfelsenlandschaft (ca. 3 Std., feste Schuhe sind empfehlenswert!) zu den vom belgischen Künstler *Jean Vérame* im Jahre 1984 bemalten bunten Felsen bietet unvergessliche Naturerlebnisse.

Es werden auch Fahrten mit geländegängigen Autos zu benachbarten *Oasen* organisiert. Vor der Abfahrt sollte man sich allerdings genau über den Zustand der Autos und der Pisten informieren. Ein strapaziöser, aber lohnender Tagesabstecher führt über die Berge und durch üppige Täler zur Oase **Timguilcht** im Südosten, wo eine alte Zaouia zumindest von außen besichtigt werden kann.

Ein weiterer Ausflug führt in das sich einige Kilometer nördlich von Tafraoute öffnende **Tal der Ammeln**, das vom 2359 m hohen *Djebel Lekst* überragt wird. Im Dorf **Oumesnat** werden in der *Maison traditionelle* Lehmarchitektur und Handwerk einer langsam schwindenden Kunst anschaulich dargestellt.

Bizarre Granitfelsen und rot getünchte Häuser prägen die Umgebung von Tafraoute

Kunst in der Wüste – der belgische Künstler Jean Vérame bemalte 1984 einige Felsen in der Nähe von Tafraoute in verschiedenen Farben

Über die Hotels *Saint Antoine* und *Les Amandiers* (s. u.) erhält man nähere Informationen zu den Ausflügen und auch Fremdenführer.

i Praktische Hinweise

Hotels

TOP TIPP ****Les Amandiers, Tafraoute, Tel. 028 80 00 88, Fax 028 80 03 43, www.hotel-lesamandiers.com. Das 1958 von Mohammed V. gegründete und 1990–95 renovierte schöne Hotel liegt traumhaft auf einem Hügel über dem Dorf und bietet zudem ein ausgezeichnetes Restaurant und einen Swimmingpool mit Blick auf die eindrucksvolle Rosengranit-Landschaft.

****Hotel Kerdous, am Kerdous-Pass zwischen Tafraoute und Tiznit, Tel. 028 86 20 63, Fax 028 60 03 15, www.hotelkerdous.com. Schönes modernes Hotel mit marokkanischem und internationalem Restaurant. Die Lage in 1100 m Höhe auf dem Pass ist einmalig.

***Saint Antoine, Av. Mokhtar Soussi, Tafraoute, Tel. 028 80 14 97, Fax 028 80 00 03, www.hotelsaintantoine-tafraout.com. Neues, modernes Hotel mit Garten und Swimmingpool.

***Salama, Tafraoute, Tel. 028 80 00 26, Fax 028 80 04 48, www.hotelsalama.com. Vollständig renoviertes Hotel mit sehr gutem Preis-Leistungs-Verhältnis.

44 Tiznit

In dieser von einer roten Lehmmauer umgebenen Stadt wird der schönste Silberschmuck Südmarokkos verkauft.

Von Tafraoute führt die landschaftlich reizvolle R 104 kurvenreich nach Tiznit. Auf der Strecke passiert man immer wieder schöne *Dörfer* und Terrassenfelder. Tiznit, der bedeutendste Marktort der Region (80 000 Einw.), liegt in einer weiten Ebene zwischen Antiatlas und Atlantik. 1882 gründete *Moulay Hassan* einen Garnisonsort, um von hier aus die aufständischen Berberstämme der Region zu be-

Die Hand Fatimas wird gerne als Glücksbringer an Ketten getragen

kämpfen. Damals wurde die 6 km lange **Wehrmauer** aus rötlichem Lehm angelegt, die Tiznit noch heute umgibt. 1912 ließ sich der Rebell *El-Hiba* in Tiznit zum Gegensultan ausrufen. Unterstützt von der Bevölkerung, nahm er den Kampf gegen die Franzosen auf, verlor ihn jedoch. 1917 zog die Fremdenlegion hier ein. Auch nach dem Abzug der Franzosen 1956 blieb die Stadt Militärstützpunkt.

Zentrum von Tiznit ist die lebhafte *Place Mechouar*, an der sich einige Hotels und Restaurants angesiedelt haben. Von dem arkadengesäumten Hauptplatz aus erreicht man durch enge Gassen in nördlicher Richtung die **Grande Mosquée**. Ihr Anfang des 20. Jh. entstandenes *Minarett*, mit hölzernen Querstangen versehen, erinnert an die Lehmmoscheen von Mali und Niger. Einer örtlichen Überlieferung zufolge dienen diese Stangen den Seelen der Toten vor dem Flug ins Jenseits als Ruhestätten. Weit über die Grenzen der Region hinaus bekannt ist Tiznit hauptsächlich wegen des hier hergestellten Silberschmucks. Die kleinen Läden in der *Kissaria* bieten sowohl arabischen als auch berberischen Schmuck an. Ein Besuch in der Stadt lohnt sich besonders an Donnerstagen, wenn der Wochenmarkt stattfindet.

Ausflug

Die Küstenstraße N 12 führt von Tiznit in südlicher Richtung zum 73 km entfernten Garnisonsort und Fischerhafen **Sidi Ifni** (20 000 Einw.), eine spanische Gründung aus der Mitte des 15. Jh. 1969, nach wiederholten Aufständen der Berberstämme der Gegend, wurde die Ortschaft an Marokko zurückgegeben. An der *Place Hassan II.* blieben einige Häuser aus der Kolonialzeit erhalten, u. a. das ehem. spanische Konsulat. Die Strände südlich von Sidi Ifni laden zum Baden und Surfen ein.

i Praktische Hinweise

Hotels

*******Hotel Idou Tiznit**, Av. Hassan II, am Stadteingang, Tiznit, Tel. 028 60 03 33, Fax 028 60 06 66, www.idoutiznit.com. Eine wahre Oase der Ruhe mit Swimmingpool, zwei Restaurants und Bars.

*******Ksar Massa**, Sidi R'bat (10 km vor Tiznit kl. Straße rechts), Tel. 061 28 03 19, Fax 028 25 57 72, www.ksarmassa.com. Am Meer gelegene Anlage im Stil traditioneller Kashah-Architektur. Mit Hamam.

******Hotel de Tiznit**, Rue Bir Inzaran, Tiznit, Tel. 028 86 24 11, Fax 028 86 21 19. Hotel mit großzügigem Innenhof, Swimmingpool und einem guten Restaurant.

***Hotel de Paris**, Av. Hassan II., Tiznit, Tel. 028 86 28 65, Fax 028 60 13 95. Gepflegtes Hotel, auch das Restaurant ist empfehlenswert.

»Es war einmal...« – der Geschichtenerzähler auf dem Wochenmarkt von Guelmim findet immer eine begeisterte Zuhörerschar

Erinnerung an die große Zeit der Transsahara-Karawanen – Kamelmarkt von Guelmim

45 Guelmim

Der ehemals größte Kamelmarkt der Region zieht im Zeitalter der Geländewagen mehr Touristen als Kamele an.

Guelmim, die am Nordrand der Westsahara gelegene, in den letzten Jahren auf 100 000 Einwohner angewachsene Wüstenstadt, war bis ins 19. Jh. eine bedeutende Station des **Transsahara-Handels**. Heute ist das Tor zur Westsahara zumindest noch von regionaler Bedeutung für den Handel mit den Städten der sich südlich anschließenden, marokkanisch besetzten Wüstenregion.

Während der Blütezeit Guelmims fand hier einer der größten **Kamelmärkte** Afrikas statt. Heute lebt der Ort fast ausschließlich von den Touristen, die samstags aus Agadir anreisen. Der Transsahara-Handel allerdings wird schon lange nicht mehr per Kamel abgewickelt. Und die Reguibat-Berber, nach ihren indigogefärbten Gewändern auch die *Blauen Männer* genannt, waren einst wegen ihrer Überfälle auf die Karawanen gefürchtet, sind aber inzwischen größtenteils sesshaft.

60 km westlich von Guelmim entfernt liegt der schöne weiße Sandstrand *La Plage Blanche*. Er ist über eine nur teilweise geteerte Straße zu erreichen.

i Praktische Hinweise

Hotel

****Salam**, Route de Tan-Tan, Guelmim, Tel. 028 87 20 57, Fax 028 77 09 12. Einfache, aber saubere Unterkunft: Dem Hotel sind ein gutes Restaurant und eine der wenigen Bars in der Gegend angeschlossen.

46 Tan-Tan

Moderne Ansiedlung am Rand der Wüste mit regional bedeutendem Markt.

Der ehem. *spanische Militärstützpunkt*, 1958 an Marokko abgetreten, liegt auf einem Wüstenplateau am Nordrand der Westsahara. Als eine der größeren Städte (70 000 Einw.) im Süden hat Tan-Tan sonntags einen geschäftigen *Wochenmarkt*, auf dem Produkte aus dem Norden verkauft werden.

Erfrischung gefällig? – Willkommene Teepause im Berberzelt

Der 25 km entfernte kleine Fischerort *Tan-Tan Plage* besitzt schöne Sandstrände und es gibt Pläne, ihn zu einer touristischen Zone auszubauen.

i Praktische Hinweise

Hotel

Les Sables d'Or, Bd. Hassan II., Tan-Tan, Tel. 028 87 82 60, Fax 028 87 80 69. Sauberes, modernes Hotel mit Restaurant.

Soll zum Badezentrum ausgebaut werden – Strand von Laâyoune Plage

47 Tarfaya

Kleiner Fischerort mit schönen, weitgehend unberührten Sandstränden.

Das am *Cap Juby* gelegene kleine Fischerstädtchen Tarfaya war 1916–58 spanisch besetzt und diente 1975 als Sammelpunkt für den Grünen Marsch. Freunden französischer Literatur ist Tarfaya durch *Antoine de Saint-Exupéry* (1900–1940) ein Begriff, der in den 20er-Jahren des 20. Jh. hier als Postflieger stationiert war und zu seinem Bestseller ›Der kleine Prinz‹ inspiriert wurde. Der Ort besitzt schöne Sandstrände, das Hotelangebot ist jedoch bislang eher bescheiden.

48 Laâyoune

Symbol für die Bindung zwischen der Westsahara und Marokko.

Nach dem Abzug der Spanier 1976 investierten die Marokkaner in großem Stil in Laâyoune und ließen südlich des alten Zentrums auf einem Plateau eine neue Stadt entstehen. Während die spanisch geprägte *Unterstadt* dieser Tage recht ärmlich wirkt, entstanden in der *Oberstadt* großzügige und moderne Viertel. Heute ist Laâyoune (190 000 Einw.) das *Handels- und Verwaltungszentrum* der Provinz Westsahara. Mit dem großzügigen Ausbau der Stadt wollte König Hassan II. die gesamte Region stärker an Marokko anbinden.

Auch auf touristischem Sektor tut sich einiges. Laâyoune besitzt einladende lange Sandstrände, die für den Badetourismus geradezu prädestiniert sind. Das 25 km westlich der Stadt gelegene *Laâyoune Plage* soll in den nächsten Jahren zum Badeort ausgebaut werden.

i Praktische Hinweise

Information

Office National Marocain du Tourisme, Av. de l'Islam (gegenüber dem Hotel Parador), Laâyoune, Tel. 028 89 16 94

Flughafen

Aéroport de Laâyoune Hassan I. (EUN), 2 km südlich von Laâyoune, Tel. 028 89 37 66/91. – Royal Air Maroc, Place Djirah, Laâyoune, Tel. 028 89 40 71

Hotels

*******Parador**, Rue Okba Ben Nafi, Laâyoune, Tel. 028 89 00 00, Fax 028 89 09 62. Großzügige Hotelanlage im Hacienda-Stil mit gutem Sportangebot.

******Al-Massira**, 12 Rue de la Mecque, Laâyoune, Tel. 028 89 42 25, Fax 028 89 09 62. Hotel mit komfortablen Zimmern, gutem Restaurant, Bar und Swimmingpool.

****Lakouara**, Av. Hassan II, Laâyoune, Tel./Fax 028 89 33 78. Schlichtes kleines Hotel, für einen kurzen Aufenthalt geeignet.

Die Westsahara – viel Sand und noch mehr Bodenschätze

Am 6. November 1975 überschritten 350 000 Marokkaner mit dem Koran in der Hand die Grenze nach **Spanisch-Sahara**. Die als **Grüner Marsch** in die Geschichte eingegangene, friedliche Aktion beschleunigte die spanische Räumung der Region. Doch den unbewaffneten Zivilisten folgten alsbald Soldaten. Marokko und Mauretanien teilten das an Bodenschätzen reiche Gebiet untereinander auf. Tausende von Sahraouis flüchteten daraufhin in das algerische Tindouf. Von dort aus organisierte die bereits 1973 gegründete Separatistenbewegung **Polisario** (Volksfront zur Befreiung von Seguiat al-Hamma und Rio de Oro) den bewaffneten Widerstand und rief am 29. Februar 1976 die **Demokratische Arabische Republik Sahara** (DARS) aus. Aufgrund der hohen Kosten durch den Guerillakrieg zog sich Mauretanien 1979 aus der Region zurück. Marokko eignete sich nun auch noch den südlichen Teil der Westsahara an.

Marokko betrachtet die Westsahara als **Provinz des Königreichs** und verbesserte in den vergangenen Jahren die Infrastruktur des Gebietes. International gilt die Westsahara jedoch als marokkanisch besetzt und die DARS wird inzwischen von mehr als 80 Staaten anerkannt. Obwohl die Waffen seit 1991 ruhen, ist keine Lösung des Konflikts in Sicht. Ein seit langem von der UN gefordertes **Referendum**, in dem die sahraouische Bevölkerung selbst über ihre Zukunft entscheiden soll, ist bislang ausgeblieben, hauptsächlich, weil sich die beiden Seiten nicht darauf einigen können, welche Teile der Bevölkerung als Wahlberechtigte zugelassen werden sollen.

Im Zeichen des Koran – 1975 mobilisierte Hassan II. 350 000 Marokkaner für die friedliche Besetzung der Westsahara

CAFE GLACIER
GRANDE TERRASSE

Marokko aktuell A bis Z

Vor Reiseantritt

ADAC Info-Service:
Tel. 018 05/10 11 12, Fax 018 05/30 29 28 (0,14 €/Min.)

ADAC im Internet:
www.adac.de
www.adac.de/reisefuehrer

Marokko im Internet:
www.tourism-in-morocco.com/german
www.maroc.ma
www.marokko.com

Deutschland

Marokkanisches Fremdenverkehrsamt, Graf-Adolf-Straße 59, 40210 Düsseldorf, Tel. 02 11/37 05 51, Fax 02 11/37 40 48, marokkofva@aol.com

Österreich

Marokkanisches Fremdenverkehrsamt, Kärntner Ring 17/2/23, 1010 Wien, Tel. 01/512 53 26, Fax 01/512 39 73, marokkotourismus@aon.at

Schweiz

Marokkanisches Fremdenverkehrsamt, Schifflände 5, 8001 Zürich, Tel. 04 42 52 77 52, Fax 04 42 51 10 44, info@marokko.ch

Allgemeine Informationen

Reisedokumente

Bei einer Pauschalreise genügt in der Regel ein Personalausweis, sicherheitshalber empfiehlt es sich jedoch, wie Individualtouristen einen noch mindestens sechs Monate gültigen **Reisepass** mitzuführen. Damit kann man sich bis zu drei Monate lang ohne Visum im Land aufhalten.

Für Kinder gilt sowohl ein Kinderausweis als auch der Eintrag in den Reisepass eines Elternteils, allerdings ab dem 3. Lebensjahr mit Lichtbild. Reisen Minderjährige unter 18 Jahren nicht in Begleitung ihrer Eltern, müssen sie eine beglaubigte Erlaubnis ihrer Eltern auf französisch mitführen.

Kfz-Papiere

Für das eigene Fahrzeug benötigt man nationalen **Führerschein**, **Zulassungsbescheinigung Teil 1** (vormals Fahrzeugschein) und **internationale grüne Versicherungskarte** (für Marokko gültig geschrieben). Wahlweise kann man an der Grenze noch eine Kurzhaftpflicht-Versicherung abschließen. Das Fahrzeug wird bei der Einreise in den Pass eingetragen, mit ihm muss man auch wieder ausreisen (kein Verkauf im Land, evtl. Schwierigkeiten bei Diebstahl oder Totalschaden!).

Für neuwertige Kfz und Fahrzeuge mit Zollkennzeichen kann eine hohe Kaution verlangt werden. Für **Wohnfahrzeuge** ist offiziell die Vorlage eines zweifachen Inventarverzeichnisses vorgeschrieben; in der Praxis wird dies derzeit nicht verlangt.

Krankenversicherung

Empfohlen wird eine Auslandskrankenversicherung mit Rückholversicherung. Arzt- und Krankenhauskosten in Marokko müssen vorgestreckt werden.

Hund und Katze

Internationaler Impfpass mit amtlichem **Gesundheitszeugnis** (nicht älter als 10 Tage) und **Tollwut-Impfbescheinigung** (mind. 30 Tage, höchstens 6 Monate alt). Nach der Rückkehr in ein EU-Land müssen Tollwut-Antikörper nachgewiesen werden.

Zollbestimmungen

Reisebedarf für den persönlichen Gebrauch ist zollfrei. Zollfrei bleiben weiterhin: 1 l Wein und 1 l Spirituosen, 200 Zigaretten oder 25 Zigarren oder 250 g Tabak sowie 150 ml Parfüm und 250 ml Eau de Toilette. Bei Ausreise sind Souvenirs im Wert bis insgesamt 175 € zollfrei.

◁ *Urlaubsimpressionen:*
Oben: *Staunen beim Bauchtanzabend oder im Souk Kunsthandwerk einkaufen*
Mitte: *Djemaa el-Fna in Marrakesch*
Unten: *Kamelreiten in der Wüste oder mitfeiern beim Dattelfest von Erfoud*

Geld

Landeswährung ist der **Dirham** (DH), 1 Dirham = 100 Centimes. DH dürfen weder ein- noch ausgeführt werden. **Reiseschecks** und **Kreditkarten** werden fast überall akzeptiert. Umtauschquittungen sollten aufbewahrt werden, sie werden bei einem Geldrücktausch verlangt.

Viele Banken verfügen über **Geldautomaten**, an denen man auch mit der MaestroCard Bargeld abheben kann. Das deutsche Auswärtige Amt warnt jedoch, dass sich Falschbuchungen und Kartenhinterziehungen häufen.

Verkäufer oder Taxifahrer können größere Scheine oft nicht **wechseln**, daher sollte man zu Reisebeginn in einer Bank einen reichlichen Vorrat an Kleingeld (1- und 5-Dirham-Münzen) eintauschen.

Fremdenverkehrsämter im Land

Informationen erteilen die Büros des Tourismus-Ministeriums, **Office National Marocain du Tourisme** (ONMT), und die lokalen Fremdenverkehrsämter **Syndicat d'Initiative** (SI). Die Niederlassungen sind im Haupttext unter den Praktischen Hinweisen jeweils am Kapitelende aufgeführt.

Notrufnummern und Adressen

Polizei: 19 (in Städten)

Unfallrettung/Notarzt: 15

Straßenwacht/Gendarmerie: 177

Touring Club Marocain, 3 Av. des F.A.R., Casablanca, Tel. 022 20 30 64

ADAC-Notrufzentrale München:
Tel. 00 49/89/22 22 22 (rund um die Uhr)

ADAC-Ambulanzdienst München:
Tel. 00 49/89/76 76 76 (rund um die Uhr)

Österreichischer Automobil Motorrad und Touring Club
ÖAMTC Schutzbrief-Nothilfe:
Tel. 00 43/(0)1/251 20 00

Touring Club Schweiz
TCS Zentrale Hilfsstelle:
Tel. 00 41/(0)2 24 17 22 20

Diplomatische Vertretungen

Königliche Marokkanische Botschaft

Deutschland
Niederwallstr. 39, 10117 Berlin,
Tel. 030/206 12 40, Fax 030/20 61 24 20

Österreich
Opernring 3–15, 1020 Wien,
Tel. 01/586 66 50, Fax 01/586 66 58

Schweiz
Helvetiastr. 42, 3005 Bern,
Tel. 03 13 51 03 62, Fax 03 13 51 03 64

Botschaften in Marokko

Deutsche Botschaft, 7 Zankat Madnine, Rabat, Tel. 037 70 96 62, Fax 037 70 68 51, www.rabat.diplo.de

Österreichische Botschaft, 2 Zankat Tiddas, Rabat, Tel. 037 76 40 03, Fax 037 76 54 25

Schweizer Botschaft, Pl. de Berkane, Rabat, Tel. 037 26 80 30, Fax 037 26 80 40, www.eda.admin.ch/rabat

Besondere Verkehrsbestimmungen

Tempolimits: Für Pkw auf Autobahnen 120 km/h, auf Überlandstraßen 100 km/h, in Ortschaften 60 km/h und in Stadtzentren 40 km/h, max. 30 km/h beim Überholen von Militärkolonnen. Wer seinen Führerschein noch kein Jahr besitzt, darf auf Autobahnen und Überlandstraßen höchstens 90 km/h fahren, Kfz über 2,20 m Breite höchstens 70 km/h.

Die *Verkehrsregeln* entsprechen den mitteleuropäischen, man sollte jedoch immer auf eine etwas freiere Handhabung gefasst sein und darauf, dass nicht nur Autos und Motorräder, Busse und Lkws, sondern auch zahlreiche Tiergespanne unterwegs sind. Manche Autobahnstrecken sind **mautpflichtig**. Rotweiße Streifen am Randstein bedeuten **Parkverbot**.

Die **Promillegrenze** beträgt 0,0.

Fremdenführer

Offizielle Guides sind an ihren weißen Djellabas und den Plaketten zu erkennen. Sie werden über die Informationsbüros (ONMT, SI) vermittelt und warten häufig auch vor Hotels und an den wichtigsten Monumenten auf Touristen. **Inoffizielle Guides** bieten ihre Dienste besonders in den Großstädten mitunter auf eine sehr aufdringliche Art und Weise an. Da diese nichtamtliche Tätigkeit verboten ist, kann es vorkommen, dass der engagierte Begleiter während einer Führung plötzlich verschwindet und an der nächsten Ecke wieder auftaucht.

Gesundheit

Impfungen sind für Reisende aus Europa nicht vorgeschrieben, empfohlen werden jedoch Tetanus-, Polio-, Typhus-, Diphterie- und Hepatitis A-Prophylaxe. Um *Darmerkrankungen* vorzubeugen, sollte man einfachere Lokale und Garküchen meiden und beim Kauf von Mineralwasser darauf achten, dass der Originalverschluss noch versiegelt ist. Die großen Städte und Touristenzentren sind medizinisch gut versorgt.

Sicherheit

Marokko ist ein gastfreundliches Land – und die große Mehrheit der Einheimischen ist fremden Besuchern gegenüber freundlich gesonnen. Mit der steigenden Arbeitslosigkeit haben jedoch die Taschendiebstähle zugenommen. Im Rifgebirge wird Hanf angebaut und Haschisch produziert. Vom Erwerb solcher Produkte kann nur abgeraten werden, die Gefängnisstrafen, die auf Drogenbesitz oder -handel stehen, sind hoch [s. S. 43]. Dringend abgeraten wird von Reisen in die Westsahara. Ehebruch und Homosexualität sind formell strafbar.

Stromspannung

220-Volt-Netz, ein Adapter für europäische Geräte ist u. U. erforderlich.

Verhalten in der Öffentlichkeit

Marokko gehört zum *islamischen Kulturkreis*. Kurze Röcke und Hosen verstoßen hier gegen die guten Sitten. Badekleidung gehört an die Strände und in die Hotelschwimmbäder, FKK und ›Oben ohne‹ sind in Marokko nicht angebracht.

Die landesübliche *Geschlechtertrennung* sollte geachtet werden: Zärtlichkeiten in der Öffentlichkeit gelten als schamlos. Besonders im Ramadan sollte man zurückhaltend sein und in der Öffentlichkeit nicht trinken, essen oder rauchen.

Zeit

Die Zeitverschiebung ist MEZ - 1 Std. bzw. MEZ - 2 Std. in der Sommerzeit.

Anreise

Auto

Umfangreiches **Informations-** und **Kartenmaterial** können ADAC-Mitglieder kostenlos bei ADAC-Geschäftsstellen oder unter Tel. 018 05/10 11 12 (0,14 €/Min.) anfordern. Ein Tourset für Marokko ist vorhanden. Im ADAC-Verlag ist außerdem das *ADAC Reisemagazin* Marokko erschienen.

Von Frankreich, Spanien oder Italien aus setzen mehrere **Autofähren** nach Marokko bzw. Afrika über, z. B. Sète–Tanger, Algeciras–Ceuta bzw. Tanger, Almeria–Melilla bzw. Al-Hoceima, Genua bzw. Neapel–Tanger. Im Sommer kann es zu längeren Wartezeiten und Verspätungen kommen. Manche Fähren verkehren im Winter nur begrenzt oder gar nicht.

In den Freihäfen Ceuta und Melilla ist Benzin sehr günstig, vor der Weiterreise nach Marokko sollte man volltanken!

Buchungsstelle für Fähren der Gesellschaft Trasmediterranea

DERTRAFFIC Schiffservice, Emil-v.-Behring-Str. 6, 60439 Frankfurt/M., Tel. 069/95 88 58 00, Fax 069/95 88 58 22, service.dertraffic@dertour.de; Fahrpläne: www.trasmediterranea.com

Bus

Von mehreren deutschen Städten verkehren Europabusse nach Marokko (mit Fähre nach Tanger). Die marokkanische Busgesellschaft CTM/LN bedient die Strecke Paris–Tanger mit anschließenden Verbindungen zu den großen marokkanischen Städten. *Information:*

Deutsche Touring GmbH, Am Römerhof 17, 60486 Frankfurt/M., Tel. 018 05/70 03 03 (0,14 €/Min.), Fax 069/790 32 19, www.deutsche-touring.com

CTM/LN, 32 Rue Léon l'Africain, Casablanca, Tel. 022 43 82 82, Fax 022 31 15 54, www.ctm.co.ma

Flugzeug

Gute Flugverbindungen existieren zu mehreren marokkanischen Flughäfen, der wichtigste internationale Flughafen ist Casablanca-Mohammed V.

Staatliche Fluggesellschaft Royal Air Maroc, Tel. 069/92 00 14 10, Fax 069/92 00 14 60, www.royalairmaroc.com.

Auch andere Fluggesellschaften bieten günstige Flüge, besonders nach Agadir. Preiswerte Charterflüge in die Tourismus-Zentren Marokkos starten von vielen deutschen Flughäfen.

Bank, Post, Telefon

Bank

Banken sind in der Regel Mo–Fr 8.30–11.15 und 14.15–17.30 Uhr geöffnet.

Post

Postämter sind meist Mo–Fr 8.30–12 und 14.30–18.30, Sa 8.30–12 Uhr geöffnet.

Telefon

Internationale Vorwahlen:
Marokko 00 212
Deutschland 00 49
Österreich 00 43
Schweiz 00 41

Im Anschluss fällt bei der Teilnehmernummer die erste Null weg.

Das marokkanische Telefonnetz ist gut ausgebaut. In fast jedem Ort gibt es *Téléboutiques* mit Münz- und/oder Kartentelefonen, häufig auch mit Faxgeräten.

Die Benutzung handelsüblicher **Mobiltelefone** ist in Marokko möglich, in abgelegenen Gebieten kann der Empfang allerding sehr eingeschränkt sein.

Einkaufen

Geschäftszeiten in den Villes Nouvelles sind im Allgemeinen Mo–Sa 8–12 und 14.30–18.30 Uhr. Die Läden in den Souks (Märkten) haben häufig bis in die Abendstunden geöffnet. Wochenmärkte beginnen meist am frühen Morgen und enden gegen Mittag. Im Fastenmonat Ramadan sind die Öffnungszeiten verkürzt.

Nur schauen kostet eigentlich nichts – und doch werden die meisten Touristen mit Souvenirs beladen nach Hause kommen

Die Auswahl an **kunsthandwerklichen Produkten** in den marokkanischen Souks ist sehr groß. Teppiche und Henbel (Kelims), Keramikerzeugnisse, Holzschnitzereien, Lederwaren (Schuhe, Taschen) und Silberschmuck von den Märkten in *Fes*, *Marrakesch*, *Taroudannt* oder *Agadir* bezaubern durch ihre Vielfalt. Beim Kauf sollte man sich Zeit lassen und bedenken, dass der erste Preis nicht der letzte ist. Feilschen gehört dazu, ein Tourist, der den ersten Preis akzeptiert, wird verachtet. Wer sich aber aufs Handeln einlässt und eine Diskussion über den Preis beginnt, verlässt den Laden nicht ohne das begehrte Stück.

Essen und Trinken

Die marokkanische Küche ist so vielseitig und bunt wie das ganze Land. Typische Spezialitäten wie **Tajine** und **Couscous** werden überall in zahllosen Variationen angeboten. Die nahrhafte Ramadan-Suppe **Harira** wird auch außerhalb des Fastenmonats serviert. Am Meer sind viele Lokale auf **Fisch** und **Meeresfrüchte** spezialisiert. Zahlreiche Vor- und Nachspeisen runden das Menü ab: feines Gemüse wie Linsen und Auberginen, gemischte Salate mit Olivenöl und Apfelsinenscheiben mit Zimt oder Gebäck. Den Abschluss bildet meist ein Glas grüner Tee mit Pfefferminz.

Trinkgeld

In Restaurants gibt man 10 % vom Rechnungsbetrag.

Feste und Feiern

Im marokkanischen Alltag gilt der westliche Kalender, religiöse Feste und Feiertage werden jedoch nach dem islamischen Mondkalender festgelegt. Sonntag ist der offizielle Ruhetag. Der islamische Gebets- und Ruhetag ist der Freitag.

Religiöse Feiertage

Da die religiösen Feiertage an den islamischen Mondkalender gebunden sind, ›wandern‹ sie im Gregorianischen Kalender jährlich um ca. elf Tage. Die wichtigsten dieser Feiertage sind:

Mulud, Geburtstag des Propheten Mohammed, erste Hälfte des 3. Monats Rabi' el-Awal (20.3.2008, 9.3.2009)

1001 Genüsse – die marokkanische Küche

Die marokkanische **Küche** bietet ein großes Angebot an Speisen. Ohne einige von ihnen ausprobiert zu haben, sollte man das Land nicht verlassen. In gepflegten Restaurants, die oft wie maurische Paläste mit bunten Kacheln, Stuck und Holzschnitzereien ausgeschmückt sind, werden Köstlichkeiten der arabischen und berberischen Küche serviert.

Tajine, ein Schmortopf aus Fleisch oder Fisch sowie verschiedenen Gemüsesorten, ist gewiss die Speise, die dem Reisenden am häufigsten begegnet. In dem braunen Teller mit seinem typischen kegelförmigen Deckel werden alle Zutaten zusammen gekocht und auch serviert. Die Zubereitung dieses Nationalgerichtes variiert nach Region und Jahreszeit. Verführerisch schmeckt eine Quitten- oder Backpflaumen-Tajine, mit Safran, Zimt und Pfeffer gewürzt.

Der Blick in den Kochtopf – Tajine gehört zu den ganz großen marokkanischen Spezialitäten

Der bekannte **Couscous** besteht aus gedünstetem Weizengries und Gemüse sowie Fleisch oder Fisch. Der Gries wird über dem kochenden Gemüse und Fleisch in einem siebartigen Gefäß gedünstet und häufig geknetet, damit sich keine festen Klumpen bilden. Die Couscous-Zubereitung ist sehr zeitaufwendig, in den Restaurants großer Hotels wird häufig ein Gemisch serviert, dessen verschiedene Bestandteile einzeln zubereitet werden und das kaum den Namen Couscous verdient. Die Landesspezialität kann auch ohne Fleisch bestellt werden, allerdings stoßen Vegetarier in Marokko auf Erstaunen und Unverständnis.

Die **Pastilla**, eine Spezialität aus Fes, ist ein außerordentlich schmackhaftes Gericht aus feinem, mit Puderzucker und Zimt bestäubtem Blätterteig mit einer Füllung aus Taubenfleisch und Eiern.

Wer es hin und wieder auch etwas einfacher mag, versuche eine Schüssel **Besara**. Dieses schmackhafte suppenartige Gericht aus dicken Bohnen macht für viele Stunden satt.

Ein Abendessen am Kamin bietet das Hotel Gazelle d'Or in Taroudannt

Ramadan, Fastenmonat (voraussichtlich 1.9.–1.10.2008, 22.8.–20.9.2009). In diesem Monat verzichten Muslime von Sonnenaufgang bis -untergang auf Essen und Trinken. Der ausländische Gast sollte sich aus Respekt in der Öffentlichkeit an diese Regeln halten. Hinter Sichtschirmen bedienen Lokale nichtmuslimische Gäste auch tagsüber.

Aid es-Seghir, auch Aid el-Fitr, Fest des Fastenbrechens am Ende des Ramadan (voraussichtlich 1.10.2008, 20.9.2009).

Aid el-Kebir, auch Aid el-Idha, Opferfest am 10. des Pilgermonats Dhu el-Hijja (8.12.2008, 27.11.2009).

Gesetzliche Feiertage

Die gesetzlichen Feiertage folgen dem Gregorianischen Kalender:

1. Januar: Neujahr, **11. Januar:** Manifest der Unabhängigkeit, **1. Mai:** Tag der Arbeit, **23. Mai:** Fête Nationale, **30. Juli:** Thronfest, Tag der Thronbesteigung von Mohammed VI. im Jahre 1999, **14. August:** Huldigung des Wadi Eddahab, **20. August:** Fest der Revolution des Königs und des Volkes, **21. August:** Geburtstag des Königs, **6. November:** Jahrestag des ›Grünen Marsches‹, **18. November:** Tag der Unabhängigkeit, Jahrestag der Rückkehr von Mohammed V. aus dem Exil im Jahre 1956

Klima und Reisezeit

Unterschiedliche Klimazonen machen aus Marokko ein Land voller Überraschungen! Innerhalb eines Reisetages kann man mildes Klima in Fes, verschneite Berge im Hohen Atlas und die gnadenlose Hitze der Sahara erleben.

An der **Mittelmeerküste** herrscht mediterranes Klima mit warmen Sommern und kühlen, regnerischen Wintern. Die **südli-**

Damenwahl – der Heiratsmarkt von Imilchil

Das kleine Städtchen Imilchil ist weit über die Gebirgsketten des Mittleren und Hohen Atlas hinaus bekannt durch seinen Heiratsmarkt. Alljährlich im September pilgern Berber des Stammes der **Aït Haddidou** zu dem 25 km nordöstlich gelegenen Grab des Schutzpatrons Sidi Ahmed Oulmghani – jedoch nicht unbedingt um zu heiraten. Denn der **fünftägige Moussem** ist viel mehr als eine Heiratsbörse, er ist zugleich Wallfahrt und größter Markt der Region. Die Touristen, die inzwischen zahlreich das etwas entlegene und nur über Pisten zu erreichende Festgelände anfahren, kommen jedoch allein, um einem für den islamischen Kulturkreis einzigartigen Geschehen beizuwohnen: **Geschiedene und verwitwete Frauen**, zu erkennen an ihren spitzen Hauben, dürfen sich auf diesem Markt selbst ihre Ehemänner aussuchen. **Erstehen** dagegen werden auch bei den Aït Haddidou von den Eltern der Brautleute arrangiert. Höhepunkt der Feierlichkeiten ist die Vermählung dieser bereits lange vor dem Moussem ausgehandelten Ehen vor der Koubba des Heiligen. Der Brauch der Aït Haddidou ihre Frauen bei einer Zweitehe selbst wählen zu lassen, hat zu einer Scheidungsrate geführt, die höher liegt als anderswo in Marokko. Ist man erst einmal verheiratet, ist man schnell auch wieder geschieden, wenn der von den Eltern ausgesuchte Ehemann nicht zusagt. Und dann darf man beim nächsten Heiratsmarkt, nun bekleidet mit der spitzen Haube, selbst nach dem Richtigen Ausschau halten. Obwohl der Markt in den letzten Jahren viel von seiner Ursprünglichkeit verloren hat, lohnt er noch immer einen Besuch. Die meisten Touristen reisen nur am Samstag an, um die Trauungen mitzuerleben. Doch auch der Viehmarkt am Freitag, den man noch ohne Touristenansturm erleben kann, ist sehenswert.

che Atlantikküste um Agadir hat dagegen das ganze Jahr über Saison. Das **marokkanische Kernland** rund um die Königsstädte Meknes und Fes besitzt ein gemäßigtes Klima mit trockenen, heißen Sommern und regenreichen Wintern. An den schneebedeckten Hängen des **Hohen Atlas** kann in den Wintermonaten Ski gefahren werden. Das Klima südlich der Gebirgskette des Atlas ist von der Nähe zur **Sahara** bestimmt, trocken und heiß.

Die insgesamt spärlichen **Niederschläge** verteilen sich in der Regel auf die Monate November bis April. Die Region von Ifrane ist die niederschlagsreichste, die Hochebenen und natürlich die Wüste sind niederschlagsarm.

Die beste **Reisezeit** sind die Monate März–Mai und September–November.

Klimadaten Casablanca

Monat	Luft (°C) min./max.	Wasser (°C)	Sonnen-std./Tag	Regen-tage
Januar	8/18	16	5	8
Februar	9/19	16	6	8
März	10/20	16	7	8
April	12/22	17	9	7
Mai	13/24	19	9	6
Juni	15/25	19	10	2
Juli	18/26	21	10	–
August	20/28	22	10	–
September	18/25	21	9	2
Oktober	15/24	21	7	7
November	11/22	19	6	9
Dezember	7/18	17	6	9

Kultur live

Mai/Juni

Fes: Seit 1996 bieten beim *Festival des Musiques Sacrées du Monde* Musiker aus aller Welt eine Woche lang sakrale Musik unterschiedlicher Religionen (www.fesfestival.com).

Juni

Essaouira: *Festival des Gnaoua & Musiques du Monde*, ein viel besuchtes Musikfest mit schwarzafrikanischer Gnaoua- und Weltmusik (www.festival-gnaoua.co.ma).

August

Asilah: *Festival Culturel d'Asilah*, Treffen arabischer und afrikanischer Musiker, Schriftsteller, Maler und anderer Künstler (www.zaila.com/fes.htm).

Museen

Museen, Ausgrabungen und Monumente sind in der Regel Mi–Mo 8.30–17/18 Uhr geöffnet, einige Einrichtungen schließen über Mittag. Während des Ramadan haben die Museen im Allgemeinen eingeschränkte Öffnungszeiten. Genaue Angaben finden sich bei den jeweiligen Sehenswürdigkeiten.

Moscheen und **Mausoleen** sind für Nichtmuslime nicht zugänglich, Ausnahmen bilden die Große Moschee Hassan II. in Casablanca, das Mausoleum des Moulay Ismail in Meknes (wenn sich nicht gerade der königliche Hof im dortigen Palast aufhält) und die Moschee von Tinmal im Hohen Atlas. Respektvolles Verhalten wird von den Besuchern besonders an heiligen Stätten erwartet.

Nachtleben

Das Nachtleben in Marokko spielt sich im Wesentlichen in den Bars, Diskotheken und Nachtklubs der großen Hotels ab. Für Touristen werden regelmäßig Musik-, Folklore- und Bauchtanz-Veranstaltungen geboten.

Sport

Golf

Marokko ist ein wahres Paradies für Golfer. König Hassan II. war ein begeisterter Golfspieler und das Land ist daher mit landschaftlich oft sehr schön gelegenen Golfplätzen gut versorgt.

Eine Broschüre ist beim Marokkanischen Fremdenverkehrsamt in Düsseldorf [s. S. 127] erhältlich.

Reiten

Araberpferde sind in aller Welt berühmt und werden u. a. in Marokko gezüchtet. Reitschulen bieten günstige Angebote für Ausritte. Informationen erteilen die jeweiligen Tourismusbüros und die Hotels.

Skifahren

Marokko kann mit zwei großen Skizentren aufwarten, das auf 2036 m im Mittleren Atlas gelegene **Mischliffen** und das auf 2650 m im Hohen Atlas gelegene **Oukaimeden**. Die beiden Orte – ausreichend mit Hotels, Restaurants und natürlich Skiliften ausgestattet – bilden in den Wintermonaten eine exotische Alternative zu den europäischen Alpen.

Wandern

Marokko bietet zahlreiche schöne, allerdings nicht speziell ausgebaute oder markierte Wanderwege in den Bergen, Tälern und Palmenoasen. Welche Möglichkeiten bestehen, erfährt man vor Ort in den Touristeninformationen und den Hotels. Für längere Wanderungen sollte man die Hilfe eines ortskundigen Führers in Anspruch nehmen. Wanderschuhe sind empfehlenswert. Unterwegs sollte man stets auf Schlangen und Skorpione achten.

Wassersport

Gute Windverhältnisse ziehen besonders Surfer an die Atlantikküste, in Essaouira finden jedes Jahr internationale Surfwettbewerbe statt. Es darf nicht vergessen werden, dass der Atlantik vor der Küste Marokkos wegen der starken Strömung und des hohen Wellengangs grundsätzlich nicht ungefährlich ist.

Statistik

Lage: Das Königreich Marokko erstreckt sich von Norden nach Süden über 2000 km und hat eine Fläche von rund 459 000 km², die Westsahara umfasst weitere 266 000 km². Im Norden sind die Gebiete von *Ceuta* (Sebta; 19,4 km²) und *Melilla* (12,3 km²) spanische Enklaven. Marokko nähert sich Europa an der Straße von Gibraltar bis auf 13 km. Das Land besitzt eine 470 km lange Mittelmeer- und eine 2500 km lange Atlantikküste. Die Oberflächenform Marokkos variiert zwischen flachen Küsten- und Flussebenen (Schwemmland), hohen Bergen (Toubkal: 4165 m) und der Sahara mit Sand- (*Erg*) und Steinwüste (*Hammada*).

Kühles Nass im Garten des Hotels Mamounia in Marrakesch

Regierungsform, Verwaltung: Konstitutionelle Monarchie. Der König besitzt als religiöser und politischer Führer, Oberbefehlshaber der Streitkräfte und Großgrundbesitzer die Macht und darf per Dekret das Parlament (seit 1997 aus zwei Kammern bestehend) auflösen. Die Verwaltung besteht aus 16 Regionen, die 45 Provinzen und 26 Stadtpräfekturen umfassen.

Bevölkerung: 33 Mio. Einwohner: Der Süden und der äußerste Osten sind unterbevölkert, die großen Zentren dagegen dicht besiedelt. In den Bezirken von Casablanca und Rabat konzentrieren sich mehr als 20 % der Bevölkerung, während die südlichen (saharischen) Provinzen eine Bevölkerungsdichte von weniger als 1 Einw./km² haben.

Religion: Mehr als 98 % der Bevölkerung gehören als malekitische Sunniten dem Islam an. Islamistisch-fundamentalistische Bewegungen dürfen in Marokko nicht offiziell als Parteien auftreten. Trotzdem gewinnen sie derzeit an Einfluss, da sie den unter sozialen Unterschieden leidenden Menschen Hoffnung geben.

Wirtschaft: Wichtige Einnahmequellen sind die Phosphatgewinnung und -verarbeitung, die Rücküberweisungen der im Ausland tätigen Marokkaner, die Ausfuhr von Agrarprodukten (Zitrusfrüchte, Tomaten) und auch der Tourismus. Die Landwirtschaft beschäftigt ca. 40 % der Marokkaner und erwirtschaftet 18 % (Industrie 36 %) des Bruttosozialproduktes. Die Arbeitslosigkeit wird offiziell mit unter 20 % angegeben, pessimistische Beobachter gehen aber von einer Quote von über 50 % aus. Seit dem Jahr 2000 ist ein 1996 geschlossenes Assoziationsabkommen mit der EU in Kraft, für das Jahr 2010 ist eine europäisch-marokkanische Freihandelszone geplant.

Unterkunft

Hotels

In allen Touristenzentren gibt es eine große Auswahl an Hotels unterschiedlicher Kategorien. Bewegt man sich abseits der Touristenpfade, überwiegen die einfachen Unterkünfte. Die Kategorie der Hotels ist nach der Klassifikation des marokkanischen Tourismusministeriums angegeben und entspricht nicht immer der europäischen. Eine Auswahl an empfehlenswerten Hotels findet man unter den *Praktischen Hinweisen* bei den jeweiligen Sehenswürdigkeiten. Eine aktuelle Unterkunftsliste ist in den Büros des ONMT verfügbar.

Camping

Besonders an Mittelmeer und Atlantik gibt es etliche Campingplätze, die jedoch nicht immer europäischem Standard entsprechen. Einige Plätze in landschaftlich schöner Lage sind in den *Praktischen Hinweisen* aufgeführt.

Verkehrsmittel im Land

Bahn

Das marokkanische Bahnnetz konzentriert sich auf den *Norden* und *Nordosten*. Es verbindet die Städte Tanger, Meknes, Fes, Oujda, Bou Arfa, Rabat, Casablanca, El-Jadida, Safi und Marrakesch. Eine Eisenbahnverbindung zwischen Marrakesch und Laâyoune über Agadir ist in Planung. Die Städte Essaouira, Agadir, Laâyoune und Dakhla im Süden sind mit ONCF-Bahnbussen zu erreichen.

Informationen und Fahrpläne erhält man in den Bahnhöfen und beim:

ONCF (Office National de Chemins de Fer), Rabat, Info-Tel. 090 20 30 40, www.oncf.ma

Bus

Busse mehrere marokkanischer Gesellschaften sind ein preiswertes Fortbewegungsmittel. Zwischen den Städten bestehen gute Verbindungen, auf dem Land halten die Linienbusse nach Bedarf.

Die größte Busgesellschaft verfügt über bequeme, klimatisierte Busse:

CTM, km 13,5, Autoroute Casablanca–Rabat, Casablanca, Info-Tel. 022 43 82 82, www.ctm.co.ma.

Flugzeug

Die Fluggesellschaft Royal Air Maroc (**RAM**) bietet Inlandsflüge zwischen den größeren Orten Agadir, Al-Hoceima, Casablanca, Dakhla, Er-Rachidia, Fes, Laâyoune, Marrakesch, Meknes, Ouarzazate, Oujda, Rabat-Salé, Smara, Tanger, Tan-Tan und Tetouan. Informationen erteilen die RAM-Büros in den jeweiligen Städten.

Marokkanische Verkehrsschilder sind arabisch und französisch beschriftet

Informationen über die marokkanischen Flughäfen erhält man beim:

ONDA (Office National des Aéroports): www.onda.ma

Mietwagen

Das Mieten eines Autos ist in Marokko nicht ganz billig, außerdem muss man mindestens 21 Jahre alt sein und den Führerschein schon länger als ein Jahr besitzen. Manchmal wird der Internationale Führerschein verlangt. *Internationale* und *örtliche Anbieter* sind in den meisten Großstädten vertreten. Bei Vertragsabschluss sollte man den Wagen auf Funktionstüchtigkeit überprüfen. Für Tagesausflüge ist es meist günstiger, ein Taxi oder einen Geländewagen mit Fahrer zu mieten.

ADAC-Mitglieder können über ihre lokale ADAC-Geschäftsstelle oder unter Tel. 018 05/31 81 81 (0,14 €/Min.) ein Auto im Voraus buchen.

Im Allgemeinen sind die **Straßen** gut befahrbar, ein geländegängiges Auto ist nur für Fahrten durch Berge und Wüsten nötig. Allerdings sind im Süden einige Straßen nur einspurig ausgebaut und erfordern eine erhöhte Aufmerksamkeit.

Taxi

Die preiswerten **Petits Taxis** sind jeweils nur für eine Stadt zugelassen und verkehren nicht zwischen zwei Städten – selbst bei den Zwillingsstädten Rabat und Salé wird keine Ausnahme gemacht! Normalerweise fahren die Petits Taxis mit Taxameter, in Ausnahmefällen muss der Preis ausgehandelt werden.

Grands Taxis verkehren zwischen den Ortschaften. Der Preis muss vor der Fahrt ausgehandelt werden. Die Preise sind relativ hoch, billiger wird es, wenn man sich ein Taxi mit anderen Fahrgästen teilt.

Sprachführer
Arabisch für die Reise

Das Wichtigste in Kürze

Ja/Nein	*na'am/lâ*	نعم/لا
Bitte/Danke	*'afwan/schukran*	عفوا/شكرا
Bitte (anbietend)	*tafaddal*	تفضل
Bitte (fragend)	*min fadlika (-ki)**	من فضلك
Entschuldigung!	*ana âsif (-fa)*!*	أنا آسف (فة)!
Wie bitte?	*na'am?*	نعم؟
Ich verstehe Sie nicht.	*ana la afhamuk (-ki)*.*	أنا لا أفهمك.
Gut! / In Ordnung!	*jayyed!*	جيد!
Können Sie mir bitte helfen?	*mumkin an tusâ'idni min fadlik?*	ممكن أن تساعدني من فضلك؟
Das gefällt mir (nicht).	*hadâ yu'jibni (lâ yu'jibni).*	هذا يعجبني (لا يعجبني).
Ich möchte ...	*urîd ...*	أريد ...
Wie viel kostet das?	*mâda yukallif hadâ?*	ماذا يكلف هذا؟
Kann ich mit Kreditkarte bezahlen?	*mumkin an adfa' bibitâqat bank?*	ممكن أن أدفع ببطاقة بنك؟
Guten Morgen!	*sabâh-al-chêr!*	صباح الخير!
Antwort:	*sabâh-an-nûr!*	صباح النور!
Guten Tag!	*as-salâmu 'alaikum!*	السلام عليكم!
Antwort:	*'alaikum as-salâm!*	عليكم السلام!
Guten Abend!	*masâ-al-chêr!*	مساء الخير!
Antwort:	*masâ-an-nûr!*	مساء النور!
Gute Nacht!	*laila sa'îda!*	ليلة سعيدة!

Wochentage

Montag	*al-itnain*	الإثنين
Dienstag	*at-talâtâ*	الثلاثاء
Mittwoch	*al-irba'â*	الإربعاء
Donnerstag	*al-chamîs*	الخميس
Freitag	*al-jum'a*	الجمعة
Samstag	*as-sabt*	السبت
Sonntag	*al-ahad*	الأحد

Monate

Januar	*yanâîr*	يناير
Februar	*fibrâîr*	فبراير
März	*mârs*	مارس
April	*âbrîl*	أبريل
Mai	*mâyû*	مايو
Juni	*yûnyû*	يونيو
Juli	*yûlyû*	يوليو
August	*âghustus*	أغسطس
September	*sibtambar*	سبتمبر
Oktober	*uktûbar*	أكتوبر
November	*nûfambar*	نوفمبر
Dezember	*dîsambar*	ديسمبر

Zahlen

0	*sifr*	صفر	٠
1	*wâhid*	واحد	١
2	*itnân*	اثنان	٢
3	*talâta*	ثلاثة	٣
4	*arba'a*	أربعة	٤
5	*chamsa*	خمسة	٥
6	*sitta*	ستة	٦
7	*saba'a*	سبعة	٧
8	*tamâniya*	ثمانية	٨
9	*tis'a*	تسعة	٩
10	*'aschara*	عشرة	١٠
11	*ahada 'aschar*	أحد عشر	١١
12	*itnâ 'aschar*	إثنا عشر	١٢
13	*talâtat 'aschar*	ثلاثة عشر	١٣
14	*arba'at 'aschar*	أربعة عشر	١٤
15	*chamsat 'aschar*	خمسة عشر	١٥
16	*sittat 'aschar*	ستة عشر	١٦
17	*sab'at 'aschar*	سبعة عشر	١٧
18	*tamâniyat' aschar*	ثمانية عشر	١٨
19	*tis'at 'aschar*	تسعة عشر	١٩
20	*'ischrîn*	عشرين	٢٠
21	*wâhid wa'ischrîn*	واحد وعشرين	٢١
22	*itnân wa'ischrîn*	إثنان وعشرين	٢٢
30	*talâtîn*	ثلاثين	٣٠
40	*arba'în*	أربعين	٤٠
50	*chamsîn*	خمسين	٥٠
60	*sittîn*	ستين	٦٠
70	*sab'în*	سبعين	٧٠
80	*tamânîn*	ثمانين	٨٠
90	*tis'în*	تسعين	٩٠
100	*mia*	مئة	١٠٠
200	*miatain*	مئتين	٢٠٠
1000	*alf*	ألف	١٠٠٠
2000	*alfain*	ألفين	٢٠٠٠
10000	*'aschrat âlâf*	عشرة آلاف	١٠٠٠٠
100000	*miat alf*	مئة ألف	١٠٠٠٠٠
1/2	*nisf*	نصف	٢/١
1/4	*rub'*	ربع	٤/١

Hallo! / Grüß dich!	*marhaba!*	مرحبا!
Wie ist Ihr Name, bitte?	*ma ismuka (-ki)* min fadlik?*	ما اسمك من فضلك؟
Mein Name ist …	*ismi …*	إسمي...
Auf Wiedersehen!	*ma'as-salama!*	مع السلامة!
Bis morgen!	*ilal-ghadd!*	إلى الغد!
gestern / heute / morgen	*al-bâriha / al-yaum / al-ghadd*	البارحة/اليوم/الغد
am Vormittag / am Nachmittag	*qablad-duhr / ba'dad-duhr*	قبل الظهر/بعد الظهر
am Abend / in der Nacht	*fil-masâ / fil-lail*	في المساء/في الليل
um 1 Uhr / 2 Uhr …	*fis-sâ'al-wâhida / at-tâniya …*	في الساعة الواحدة/الثانية ...
um … Uhr 30	*fis-sâ'a ... wa nisf*	في الساعة...ونصف
Minute(n) / Stunde(n)	*daqîqa (daqâiq) / sâ'a (sâ'ât)*	دقيقة (دقائق)/ساعة(ساعات)
Tag(e) / Woche(n)	*yaum (ayyâm) / usbû' (asâbî')*	يوم (أيام)/ أسبوع (أسابيع)
Monat(e) / Jahr(e)	*schahr (aschhur) / sana (sinîn)*	شهر (أشهر)/سنة (سنين)

Unterwegs

Nord / Süd / West / Ost	*schamâl / janûb / gharb / scharq*	شمال/جنوب/غرب/شرق
geöffnet / geschlossen	*maftûh / mughlaq*	مفتوح/مغلق
geradeaus / links /	*ilal-amâm / ilal-yasâr /*	إلى الأمام/ إلى اليسار /
rechts / zurück	*ilal-yamîn / ilal-warâ*	إلى اليمين/ إلى الوراء
nah / weit	*qarîb / ba'îd*	قريب/ بعيد
Wie weit ist das?	*kam il-masâfa?*	كم المسافة؟
Wo sind die Toiletten?	*ain al-mirhâd min fadlik?*	أين المرحاض من فضلك؟
Wo ist die (der) nächste …	*aina yûjad hunâ …*	أين يوجد هنا ...
Telefonzelle / Bank /	*telefon / bank /*	تلفون/بنك/
Polizei / Post?	*schorta / barîd ?*	شرطة/ بريد؟
Bitte, wo ist …	*min fadlik aina …*	من فضلك أين...
der Flughafen /	*al-matâr /*	المطار/
der Fährhafen /	*al-mîna /*	الميناء/
der Bahnhof /	*mahattat al-qitâr /*	محطة القطار/
der Busbahnhof?	*mahattat al-bâs?*	محطة الباص؟
Wo finde ich …	*aina yûjad …*	أين يوجد ...
eine Bäckerei / den Markt /	*dukkan chubs / as-sûq /*	دكان خبز/ السوق/
ein Lebensmittelgeschäft?	*biqâla?*	بقالة؟
Ist das der Weg nach …?	*hal yuwassil hadâ-attarîq ilâ …?*	هل يوصل هذا الطريق إلى...؟
Ich möchte mit …	*urîd an usâfir …*	أريد أن أسافر...
dem Bus / der Fähre /	*bil-bâs / bis-safîna /*	بالباص/ بالسفينة/
dem Flugzeug / dem Zug	*bit-tâira / bil-qitâr*	بالطائرة/ بالقطار
nach … fahren.	*ilâ …*	إلى...
Wo ist …	*aina …*	أين ...
das Fremdenverkehrsamt /	*maktab as-siyâha /*	مكتب السياحة/
ein Reisebüro?	*maktab as-safar?*	مكتب السفر؟
Ich benötige eine Hotelunterkunft.	*ana ahtâj ilâ funduq.*	أنا أحتاج إلى فندق.
Ich möchte eine Anzeige erstatten.	*lurîd an uqaddim schakwa.*	أريد أن أقدم شكوى.
Man hat mir ….	*saraqû li …*	سرقوا لي...
Geld / die Tasche /	*nuqûd / asch-schanta /*	نقود/الشنطة/
die Papiere / die Schlüssel /	*al-awraaq / al-mafâtîh /*	الأوراق/ المفاتيح/
den Fotoapparat /	*âlat at-taswîr /*	آلة التصوير/
den Koffer gestohlen.	*al-haqîba.*	الحقيبة.

Hinweise zur Aussprache

â, û, î, ô, ê	lange Vokale wie in H**ah**n, H**uh**n, M**ie**te, B**oh**ne, M**ee**r
ch	wie ›ch‹ in Bu**ch**
d	wie das stimmhafte englische ›th‹ in **the**
gh	›r‹ wie in **R**and
j	›dsch‹ wie in **J**ournal
t	wie das stimmlose englische ›th‹ in **th**ing
w	wie das englische ›w‹ in **w**all
z	wie ›s‹ in **s**ehr
'	stimmhafter Kehllaut, klingt wie ein aus der Kehle gepresstes ›a‹
()*	die jeweilige weibliche Form

Bank, Post Telefon

Ich möchte Geld wechseln.	*urîd an usarref nuqûd.*	أريد أن أصرف نقود.
Brauchen Sie meinen Reisepass?	*hal tahtâj ilâ jawas safarî?*	هل تحتاج إلى جواز سفري؟
Ich möchte eine Telefonverbindung nach …	*urîd an attasil bi …*	أريد أن أتصل بـ...
Haben Sie … Telefonkarten / Briefmarken?	*hal 'indak … kart telefon / tawabi' barîd?*	هل عندك ... كرت تلفون/ طوابع بريد؟

Tankstelle

Wo ist die nächste Tankstelle?	*aina tûjad mahattat banzîn qarîba?*	أين توجد محطة بنزين قريبة؟
Ich möchte … Liter … Benzin / Super / Diesel / bleifrei.	*urîd … liter banzîn / super / diesel / bidûn rasâs.*	أريد ... لتر بنزين/ سوبر/ ديزل/ بدون رصاص.
Volltanken, bitte!	*imla il-chazzân min fadlik!*	إملا الخزان من فضلك!
Bitte prüfen Sie … den Reifendruck / Ölstand / den Wasserstand / die Batterie.	*mumkin an tafhas … al-hawa / az-zêt / al-mai / al-battariyya.*	ممكن أن تفحص ... الهواء/ الزيت/ الماء/ البطارية.

Panne

Ich habe eine Panne.	*ta'attalat sayyarati.*	تعطلت سيارتي.
Der Motor startet nicht.	*al-mator la yadûr.*	المتور لا يدور.
Gibt es hier in der Nähe eine Werkstatt?	*aina yûjad huna garaj?*	أين يوجد هنا جراج؟
Können Sie mir einen Abschleppwagen schicken?	*mumkin an tab'at li sayyara lis-sahb?*	ممكن أن تبعث لي سيارة للسحب؟
Können Sie den Wagen reparieren?	*mumkin an tusalleh as-sayyara?*	ممكن أن تصلح السيارة؟
Bis wann?	*ilâ matâ?*	إلى متى؟
Ich möchte ein Auto mieten.	*urîd an astâjir sayyara.*	أريد أن أستأجر سيارة.
Was kostet die Miete … pro Tag / pro Woche / mit unbegrenzter km-Zahl / mit Kaskoversicherung / mit Kaution?	*kam al-îjâr fi … al-yaum / al-usbû' / ma' tahdîd al-kîlometrat / ma' tamîn kâmil / ma' kafâla?*	كم الإيجار في... اليوم/ الأسبوع/ مع تحديد الكيلومترات/ مع تأمين كامل/ مع كفالة؟
Wo kann ich den Wagen zurückgeben?	*ilâ aina urajje' as-sayyara?*	إلى أين أرجع السيارة؟

Unfall

Hilfe!	*an-najda!*	النجدة!
Achtung! / Vorsicht!	*intabeh! / al-hadar!*	إنتبه!/الحذر!
Rufen Sie bitte schnell … einen Krankenwagen / die Polizei / die Feuerwehr.	*utlub bi-sur'a min fadlik … sayyârat is'âf / asch-schurta / al-itfâiyya.*	أطلب بسرعة من فضلك ... سيارة إسعاف/ الشرطة/الإطفائية.
Es war (nicht) meine Schuld.	*ana-l-masûl (lastul-masûl) 'an wuqû' al-hâdit.*	أنا المسؤول (لست المسؤول) عن وقوع الحادث.
Ich brauche die Angaben zu Ihrer Autoversicherung.	*a'tini al-ma'lûmât 'an tamîn as-sayyâra.*	أعطني المعلومات عن تأمين السيارة.
Geben Sie mir bitte Ihren Namen und Ihre Adresse.	*a'tini ismak wa'unwanak min fadlik.*	أعطني إسمك وعنوانك من فضلك.

Krankheit

Können Sie mir einen Arzt / Zahnarzt empfehlen?	*mumkin an turschidnî ilâ tabîb / tabîb asnân?*	ممكن أن ترشدني إلى طبيب/ طبيب أسنان؟
Wann hat er Sprechstunde?	*matâ mawâ'îd al-'iyâda?*	متى مواعيد العيادة؟
Wo ist die nächste Apotheke?	*aina aqrab saidaliyya?*	أين أقرب صيدلية؟

Ich brauche ein Mittel gegen …	*ahtâj ilâ dawâ dedd …*	أحتاج إلى دواء ضد…
Durchfall / Fieber /	*ishâl / hummâ /*	إسهال/حمى/
Insektenstiche /	*lad' al-hascharât /*	لذع الحشرات/
Kopfschmerzen / Verstopfung /	*sudâ' / imsâk /*	صداع/ إمساك/
Zahnschmerzen.	*waja' asnân.*	وجع أسنان.

Im Hotel

Ich habe bei Ihnen ein Zimmer reserviert.	*ana hajazt ghurfa 'indakum.*	أنا حجزت غرفة عندكم.
Haben Sie …	*hal yûjad 'indakum …*	هل يوجد عندكم…
ein Einzelzimmer /	*ghurfa bi-sarîr wâhid /*	غرفة بسرير واحد/
Doppelzimmer …	*ghurfa bi-sarîrain …*	غرفة بسريرين…
mit Dusche /	*ma' dûsch /*	مع دوش/
mit Bad / WC …	*ma' hammâm / mirhâd …*	مع حمام/مرحاض…
für eine Nacht /	*li laila wahida /*	لليلة واحدة/
für eine Woche?	*li usbû' wâhid?*	لأسبوع واحد؟
Was kostet das Zimmer mit …	*kam tukallif al-ghurfa ma' …*	كم تكلف الغرفة مع…
Frühstück /	*al-futûr /*	الفطور/
Halbpension?	*wajbatein?*	وجبتين؟

Im Restaurant

Wo gibt es ein gutes und günstiges Restaurant?	*aina yûjad huna mat'am jayyed wa rachîs?*	أين يوجد هنا مطعم جيد ورخيص؟
Die Speisekarte, bitte.	*qâimat at-ta'âm min fadlik.*	قائمة الطعام من فضلك.
Haben Sie vegetarische Gerichte?	*'indakum akl nabâti?*	عندكم أكل نباتي؟
Die Rechnung! / Bezahlen, bitte!	*al-hisâb min fadlik!*	الحساب من فضلك!

Essen und Trinken

Apfel	*tuffâh*	تفاح
Banane	*mauz*	موز
Brot / Toast	*chubs / tôst*	خبز/توست
Datteln	*tamr*	تمر
Essig	*chall*	خل
Fisch	*samak*	سمك
Fladenbrot	*chubz baladi*	خبز بلدي
Fleisch	*lahm*	لحم
Fruchtsaft	*'asîr fawakeh*	عصير فواكه
Gemüse	*chudra*	خضرة
Huhn	*dajâja*	دجاجة
Kartoffeln	*batâta*	بطاطا
Meeresfrüchte	*makûlât bahriyya*	مأكولات بحرية
Milch	*halîb*	حليب
Milchkaffee	*qahwa bi-halîb*	قهوة بحليب
Mineralwasser	*mâ ma'daniyya*	ماء معدنية
Nudeln	*makrûna*	مكرونة
Öl	*zait*	زيت
Oliven	*zaitûn*	زيتون
Orange	*burtuqâl*	برتقال
Reis	*ruzz*	رز
Schafskäse	*jubn ghanam*	جبن غنم
Süßigkeiten	*halwayât*	حلويات
Tee	*schâi*	شاي
Thunfisch	*samak tûna*	سمك تونة
Wassermelone	*battîch*	بطيخ
Zucker	*sukkar*	سكر

ADAC Reiseführer – die besten, die wir je gemacht haben.

144 bzw. 192 Seiten, je Band 6,50 € (D), 6,70 € (A), 12,– sFr.

Ägypten
Algarve
Allgäu
Amsterdam
Andalusien
Australien
Bali & Lombok
Baltikum
Barcelona
Berlin
Bodensee
Brandenburg
Brasilien
Bretagne
Budapest
Bulg. Schwarzmeerküste
Burgund
City Guide Deutschland
City Guide Germany
Costa Brava & Costa Daurada
Côte d'Azur
Dänemark
Dominikanische Republik
Dresden
Dubai, Vereinigte Arabische Emirate, Oman
Elsass
Emilia Romagna
Florenz
Florida
Franz. Atlantikküste
Fuerteventura
Gardasee
Golf von Neapel
Gran Canaria
Hamburg
Harz
Hongkong & Macau
Ibiza & Formentera
Irland
Israel
Italienische Adria
Italienische Riviera
Jamaika
Kalifornien
Kanada – Der Osten
Kanada – Der Westen
Karibik
Kenia
Korfu & Ionische Inseln
Kreta
Kuba
Kroatische Küste – Dalmatien
Kroatische Küste – Istrien & Kvarner Golf
Kykladen
Lanzarote
Leipzig
London
Madeira
Mallorca
Malta
Marokko
Mauritius & Rodrigues
Mecklenburg-Vorpommern
Mexiko
München
Neuengland
Neuseeland
New York
Niederlande
Norwegen
Oberbayern
Österreich
Paris
Peloponnes
Piemont, Lombardei, Valle d'Aosta
Polen
Portugal
Prag
Provence
Rhodos
Rom
Rügen, Hiddensee, Stralsund
Salzburg
Sardinien
Schleswig-Holstein
Schottland
Schwarzwald
Schweden
Schweiz
Sizilien
Spanien
St. Petersburg
Südafrika
Südengland
Südtirol
Sylt
Teneriffa
Tessin
Thailand
Toskana
Türkei – Südküste
Türkei – Westküste
Tunesien
Umbrien
Ungarn
USA – Südstaaten
USA – Südwest
Usedom
Venedig
Venetien & Friaul
Wien
Zypern

Weitere Titel in Vorbereitung.

ADAC Reiseführer Jubiläumsbände – Maxi-Umfang! Mini-Preis!

348 bzw. 450 Seiten, je Band 9,95 € (D), 10,25 € (A), 17,50 sFr.

Deutschland
Freizeitparadies Alpen
Italien

ADAC Reiseführer plus – Top-Reiseführer mit perfekten Urlaubskarten.

144 bzw. 192 Seiten, je Band 8,95 € (D), 9,20 € (A), 16,80 sFr.

Ägypten
Allgäu
Amsterdam
Andalusien
Australien 8/2008
Baltikum
Barcelona
Berlin
Berlin (engl.)
Bodensee
Brandenburg
Budapest
Côte d'Azur
Dänemark
Deutschland – Die schönsten Autotouren
Dresden
Dubai 8/2008
Elsass 8/2008
Französische Atlantikküste
Fuerteventura
Gardasee
Gran Canaria
Golf von Neapel
Hamburg
Harz
Irland
Italienische Adria
Italienische Riviera
Kanada – Der Westen
Kanada – Der Osten
Kenia
Korfu/Ionische Inseln
Kreta
Kuba
Kroatische Küste – Dalmatien
Kroatische Küste – Istrien & Kvarner Golf
Leipzig
London
Madeira
Mallorca
Malta
Mecklenburg-Vorpommern
München
New York
Norwegen
Oberbayern
Österreich
Paris
Polen
Portugal
Prag
Rhodos
Rom
Rügen, Hiddensee, Stralsund
Salzburg
Sardinien
Schleswig-Holstein
Schwarzwald
Schweden
Schweiz
Sizilien
St. Petersburg
Südtirol
Südengland
Sylt
Teneriffa
Thailand 8/2008
Toskana
Tunesien
Türkei – Südküste
Türkei – Westküste
Usedom
Venedig
Wien
Zypern

Weitere Titel in Vorbereitung.

ADAC Reiseführer Audio – umfassende Information und einzigartiges Hörerlebnis.

144 bzw. 192 Seiten, mit TourSet auf CD, 9,95 € (D), 10,25 € (A), 17,50 sFr.

Barcelona 8/2008
Berlin
Dresden
Hamburg
London 8/2008
München
New York 8/2008
Paris 8/2008
Rom
Wien

Weitere Titel in Vorbereitung.

Register